我们的紧迫

——应用型人才培养方式重构实践与探索

鹿　林／著

人民交通出版社股份有限公司
China Communications Press Co.,Ltd.

内 容 提 要

本书汇集了作者近年来对高等教育应用型人才培养方式微观层面改革所做的一些实践和思考，体现了作者对高校人才培养体系的重新架构、管理理念和方式的转变、人的智慧释放等方面的时代性反思。

本书适用于应用型高校的管理者及广大师生阅读参考。

图书在版编目(CIP)数据

我们的紧迫：应用型人才培养方式重构实践与探索 / 鹿林著. —北京：人民交通出版社股份有限公司，2015.1

ISBN 978-7-114-12036-7

Ⅰ. ①我… Ⅱ. ①鹿… Ⅲ. ①高等学校—人才培养—研究—中国 Ⅳ. ①G649.2

中国版本图书馆 CIP 数据核字（2015）第 021326 号

书　　名： 我们的紧迫——应用型人才培养方式重构实践与探索
著 作 者： 鹿　林
责任编辑： 孙　玺　黎小东　李　瑞
出版发行： 人民交通出版社股份有限公司
地　　址： （100011）北京市朝阳区安定门外外馆斜街3号
网　　址： http：//www.ccpress.com.cn
销售电话： （010）59757973
总 经 销： 人民交通出版社股份有限公司发行部
经　　销： 各地新华书店
印　　刷： 北京盛通印刷股份有限公司
开　　本： 720×960　1/16
印　　张： 15
字　　数： 120千
版　　次： 2015年1月　第1版
印　　次： 2015年1月　第1次印刷
书　　号： ISBN 978-7-114-12036-7
定　　价： 45.00元

（有印刷、装订质量问题的图书由本公司负责调换）

PREFACE 前言

改革开放以来，我国高等教育有了突飞猛进的大发展，由精英教育阶段迈向大众教育阶段，取得了举世瞩目的成就。无论是高等教育的规模，还是人才培养的质量都有了空前发展，上大学已经由能不能上学，转变为是不是称心如意上学的问题。但是，在我国高等教育得以大力发展的同时，社会对高等教育的质疑之声却不绝于耳，就连从业于高等教育的我们也有诸多遗憾，大学毕业生就业难和就业结构不合理的问题，萦绕着学生、家长、高校、用人单位等方方面面，也已经成为政府十分关注的社会性问题，高等教育面临着非常大的窘境。究其原因，不在于高等教育自身发展如何，而应该是高等教育对人才的培养水平，与人力资源市场需求有差距，即高等教育的发展没能与中国经济、社会的发展相同步，高等教育在某些方面处于落伍的状态。其背后是高等教育人才培养的理论体系、人才培养的理念、人才培养方式等有不足之处。为什么会造成这样窘迫的境况呢？我认为是高等教育的运作方式跟不上我国经济运作方式所致。现阶段，市场配置资源的方式是我国经济运作的主旋律。我国市场经济的进程中，经历了“计划经济为主，市场经济为辅”“社会主义经济是在公有制基础上有计划的商品经济”“社会主义市场经济体制”三个大的阶段。市场的作用，也由对资源配置的基础性作用，发展成为市场对资源配置的决定性作用，市场经济在我们生活中的影响力一步一步走向纵深。而当下高等教育的资源配置方式，在许多方面还仍然表现着浓郁的计划经济色彩，许多来源于条条的管理方式和评价方式，对高等教育发挥着很强势的作用，比如招生计划、专业目录、人员编制等都在计划管控之中，高等学校的市场主体作用没能很好地发挥出来，一定程度上抑制了高校自身发展的能力，改革、创新的内驱力也就大大地减弱了。长期以往，高等教育的运作方式逐渐跟不上市场经济发展的进程，没有很好地和谐于市场经济主旋律的人才培养方式，其培养的人才跟不上市场经济发展的需求，也就不足为奇了。当前，我们正在奔向中华民族的伟大复兴之路上，这是人民所望，人民所向，人心所系。这迫切需要全民族素质的快速提高，因为社会的发展进步，越来越依靠人的智慧的提升和发挥。人的进步是全社会终生学习和教育的目标，其中高校作用的充分发挥非常重要，这是缘于高校蕴藏着大批受过良好教育的优秀人才，其智慧的发掘可以辐射社会，更重要的是人才培养的作用事关当前社会可持续发展大计。

现今，我们所处的时代是改革创新驱动的时代。高等教育体制、机制、方式、方法的创新，将会释放出巨大的潜力，这既需要宏观政策的引导和推进，更需要高校微观自我创新发展的共同努力。我国高等教育应用技术大学的转型、大学章程的建设、发展的不断投入等都意味着对高等教育发展的紧迫，高等教育到了攻坚破难的发展机遇期。这些年来，山东交通学院对人才培养方式改革、组织管理创新等方面做了一些积极的尝试，主要是探索应用型人才培养的应有之义，锁向了应用型人才国际化视野精致化培养的内涵建设；并在人才培养组织的运行机制方面做了些改革，努力提高工作效率和工作质量，将发展的绩效显性化。

结合着改革创新的实践，作为对工作的思考和实施的前奏，我写了一些文章大都在校报、学报发表，以资对自己的一些想法进行更深入一点的思考，也提供一点大家交流的依托。在此基础上，大家评头论足、碰撞思想、形成路径，也算是思想交流的过程。作为对学校发展过程的记录，以相近题目形成专题的方式成书，以此与读者共勉，也聊以自慰。在此，衷心感谢一同工作和为此书出版做出贡献的同志们！

鹿 林

2014年11月于山东交通学院

CONTENTS 目录

人才培养方式改革的探索与实践

下篇

管理的实践与思考

上篇

人才培养方式改革的探索与实践

站在时代前列，担负起高等教育的责任

改革开放三十余年，我国从一个经济几乎崩溃的边缘的国家，跃升为世界第二大经济体，取得了举世瞩目的伟大成就。当前，我国经济发展进入了新的转型期，正处在由成本优势向创新驱动的智慧经济转变进程之中，无论在国际市场还是国内市场上，竞争的对手都发生了巨大变化，过去我们更多地是凭借着资源、环境和劳动力的成本优势，与新兴市场经济国家的产业进行竞争；现在，劳动力红利已渐去，劳动力成本大幅度提升，环境保护的门槛不断提高，我们的竞争对手正在大幅度地转向市场经济发达的国家和地区。应对新的形势，国家提出了转方式调结构的战略部署，意义深远。转方式调结构是多种资源优化配置的过程，影响因素有很多，重要的指向是增加经济发展中的智慧含量，提升产品的附加值。宏观经济的转方式调结构最终要落在微观经济的转方式调结构上，只有微观经济的转方式调结构落到了实处，才能支撑起宏观经济的转方式调结构。在新的发展阶段，经济制度、科学技术、组织管理、资本聚集、发展环境等要素的作用更加突出，但核心竞争力已经由物质资源优势转化为人力资源的素质提高，表现在蕴涵于人身上的理念、创新、竞争等职业能力的快速提高。提升人的竞争力已经成为我国经济转型升级和增长方式转变的关键要素，事关可持续发展的大计。这些都对高等教育人才培养提出了新的挑战，加速人的成长已经成为我们民族复兴大业的紧迫。

我国高等教育实现了由精英教育到大众教育的伟大转变，成就斐然，但为什么人才培养却多受质疑？原因可能是，相对于经济和社会发展的需要，人才培养滞后了。加快提升人才培养与人才需求的契合度，已成为全社会，尤其是高等教育的紧迫任务。教育部实施的应用技术大学转型战略，是高等教育的深刻变革， 一大批高校要由学术型教育转向应用型教育、技术性教育，这个转变在我们国家当前高等教育的发展过程中非常迫切，急切需要解决的就是大学生就业面临的窘境，一方面是全国性人才紧缺，另一方面，大学毕业生就业难和学非所用的就业结构性问题。造成这些问题的原因可能很多，我认为，高等教育过多的计划经济管理色彩以及高校人才培养方式存在的自身缺陷是两个主要原因。

一、人才培养方式重构的市场导向

高等教育是实现国家转方式调结构战略的组成部分，高等教育的转方式调结构，就是转变人才成长的方式，调整人才培养的结构。应用技术转型既有由学术型教育向应用型教育的转型，也有高校人才培养方式的转变，由传统的人才培养转向有需求的人才培养，像山东交通学院本来就是应用型大学，转型是人才培养方式的转变。为了培养行业更加需要的人才，需要转变人才培养的方式，就是我们强调的人才培养方式改革。

市场经济是我们时代资源配置的主旋律，高校也不能游离之外。从经济的角度讲，市场的主体都是在市场中寻找着资源的优化配置点，而实现自身的价值。无疑，高校也是市场的一个主体，也应该明确自己的市场定位，寻找自己的市场增长点，找到自己认为优化配置的结合点，构建高校的自身价值链，高校培养的人才深受市场的欢迎，这所高校就会在人才培养的市场中有自己的价值。由于培养的学生在市场上受欢迎，就会有更多的学生愿意到这所高校受教育；反之也是一样，这就是高校自身存在的价值。而我们所要进行的人才培养方式改革，实际上是人才培养价值链的重构，这个重构就是要打破由原来各个专业、学科所形成的体系，摒弃过多地关注内部资源，转化为以市场需求为导向，打造高校的核心竞争力。

二、人才培养重构的三个要点

以市场需求为导向的人才培养重构，我认为至少有三个要点：一是市场目标的定位；二是价值主线的凝练；三是资源配置的方式。

1. 市场目标的定位。一所大学每年毕业的学生多则万人，少则数千人或数百人，作为一所大学的毕业生在人力资源的市场上也就是沧海一粟，占的份额很少，不要追求我们培养的学生会是全才，学生能够在某一岗位称职称心地工作就非常好，这个称职称心的工作就是学生的目标定位；如何能将学生群体的就业做到称职称心，就应该是学校的目标定位。而这一目标定位该如何凝练，应该关注两个方面，一是人才市场需求，一是学生成长需求。人才需求的信息要从市场中寻找，要了解本专业的国内发展状况，与世界先进水平的差距或差别在哪里，对就业岗位的人才要求是什么，这是我们应该经常调研的内容。通过与联系单位不断地沟通交流信息，通过教师和学生的科研活动、社会服务活动等来认识和体验市场信息，由动态的市场变化，延伸到对人才需求的理解，这就要求我们高等教育者要变成一个对市场信息非常敏感的人。同时，我们要走进学生，了解他们真实的成长需求，并帮助学生发掘思想深处的兴趣点，将自己的优势、志向和市场需求结合起来，确定其成长的目标，这是我们的起点。

2. 价值主线的凝练。价值主线就是人才培养方式的路径。大学四年，是人才成长的过程，从起点到终点，路径可能有许多，如何精练成长的路径，使其成长的附加值最高，这就是我想表达的价值主线问题。市场对人才的需求是不断变化的，从起点到终点的价值路线也是在不断变化的，不断变化的价值主线要求人才培养也要随之不断变化。影响价值主线的因素有很多，包括人才需求单位的信息，包括我们这些教育者对这些信息的吸收、消化、理解的程度，也包括学生对自己今后从业理想的目标等等，就是同一专业的学生，是不是都愿意顺着所学专业的价值主线成长，也是因人而异的。无疑，沿着价值主线人才培养是重要的，但是对每一个学生，我们更要使其展现自我的优势，培养其个性化成长，这是我们高等教育当中经常所忽视的。一个模式培养是对学生差异化的漠视，也是对社会智慧资源的一种浪费。学生成长过程中，内心最渴望的东西， 可能需要我们帮助其清晰和激发，如果我们能够通过个性化的培养将学生极具潜质的、最能实现价值的兴奋点挖掘出来，那无疑是高等教育的巨大进步。

3. 资源配置的方式。人才培养是遵循价值主线的资源配置过程（包括人才培养的内容、结构排序、实现方式等），依托于学校、学生、教育工作者（包括教师、行政、后勤保障等）、社会资源，协同努力实现学生成长的目标。这确实是复杂的系统工程，因为参与的人很多，影响学生成长的因素也很多，包括社会的、政治的、科技的、思想道德的等等，都会对学生的成长产生作用。以教学为例，教学是由许多教师组成的教学团队，包括基础课教师，专业基础课教师、专业课教师、实践活动课教师等等，基于课堂的一些教育活动，这些教育活动都要基于学生自觉学习之上，那么多人的劳动，能不能都围绕着价值主线而实施，确实需要一个反复凝练的过程。比较理想的是，一个教学团队大家都明白价值主线，并围绕着价值主线实现每一门课、每一节课的集约化培养，这需要目标下的团队积极配合。当前，高校在这方面做得显然还不够，更多的课程是围绕着学科来进行的，或因任课教师的喜好而定，并没有认真地围绕价值主线的需要。比如说，对工科专业，“大学物理”这门课很重要，但对汽车、机械、化工、电子等不同专业，该课程内容的设计应该是不一样的，如果强调物理的结构，就应该按照大纲或统编教材实施，但这就会忽视不同专业的针对性，也可以依据专业的需求，分析所需要的物理基础知识，实现内容的集约。当然，不乏有学生对物理非常有兴趣，那么我们可以根据学生的兴趣不同而给予开放性的教育。如果能够沿着人的兴趣去自我学习，效果往往是最好的。选读某一方面的内容，并不是否认整个学科体系的知识，只是在单位时间里实现集约化的培养，“普通化学”“高等数学”等等课程都应该如此，只有围绕专业才更有利于资源配置的优化。当然，我们也要实现课余活动的集约，因为课余活动往往是学生成长的一个重要载体和兴奋所在。

三、人才培养重构的结构性问题

人才培养应该是一个系统工程，细细想来，就业质量不高，应该是人才培养过程不当所致。我们注重了对知识的分解性输入，却忽略了如何将知识综合输出的方法训练；对岗位要求的职业素养，如实践能力、创新能力、管理能力、敬业精神等说得多，而做得少。这说明了在人才培养的体系设计上有结构性缺失。人才培养的实施从空间上看，可分为三个方面课堂教学、课余活动、自我教育。课程主要是在课堂上完成，课余活动在本文中特指课余时间里有组织的群体性活动，自我教育是指个人的自我努力。在课程体系当中，包括了很多内容，如基础课、专业基础课、专业课等等，每一门课都有自己的教学方式。老师讲、学生听，作业、考试，一张卷子一门课，考的是对知识的掌握情况，四年下来，几十门课程大都是一个相近的套路。这种方式对知识传输或许是有利的，但学到的知识如何应用却在我们的课程体系中涉及得少，也就是几次课程设计、毕业设计而已，应添加如何将知识输出的训练。在教学中，知识是分课程进行教学的，每一门课程的知识内容设置都是在其学科体系下侧重点的展现，大都是独立进行的，课程之间几乎是互不交流，几近封闭的状态，多门知识分块学习，无疑是有利于知识的掌握；如何使学生将分门别类的知识在自己脑海中消化、吸收，融为一体，需要学生综合、概括的能力，我们需要设计一些载体，对学生进行综合性训练。现实中，技术问题往往是受到了许多因素的影响，包括经济的、社会的、人文的等各种因素交织在一起，看似是技术问题，实际上是诸多问题的综合作用，这是哪一门课都很难单一概括的，需要借助于平台进行训练。比如说，大学生科技活动，可以协同课堂、课余、自我学习等方面的诸多因素，对学生进行综合训练。对于敬业精神、实践能力、创新能力、管理能力等职业素养的培养，我们需要落到人才培养的实处。以敬业精神为例，敬业精神涉及若干因素，但起码有两条我认为是核心，第一是工作的态度，积极、蓬勃向上的工作态度无疑是社会所需要的精神状态；第二是专业能力，其中包含着精致化的精神。专业能力有着时代要求，而精致化是我们这个民族的缺憾，如果在我们毕业生的身上能体现出精致化的训练，这无疑将会是我们敬业精神的鲜明之处。实践能力是从业的基础，尤其是工科院校的毕业生，而我们现在是趋向于纸上谈兵，不愿深入细致地开展基本功的训练，一些应该具备的技能没能掌握，到了工作岗位就表现得非常欠缺，得不到同事、同行的认可。是学生不训练吗？不是，而是我们课程设置有缺憾，人才培养方式的设置有缺憾，是我们的老师技能有缺憾。师傅尚且如此，徒弟又会怎样呢？创新不仅是科学技术的创新，也包括制度、文化、方式、方法等方面的创新，营造一种创新的文化显得更加急迫和重要，尤其是制度、机制的创新难度就更大，相应地其作用也就更强。因为科学、技术的应用，是依附在制度的设计之上的，如果没有好的制度，再好的科学和技术，也可能被搁置在组织之外，或者是没能发挥其应有的作用。

四、人才培养重构的管理元素

对于事业的追求是依托于事件的，比如说人才培养方式的改革，支撑其发展的是机制保障问题，即管理问题。管理素养的修炼也应该是高等教育的应有之义，我们应该在学生的成长过程中加入更多的管理元素。人才培养是诸多资源优化配置的过程，而如何能够优化配置资源，那就是高等教育的管理问题了，就是如何建立一套方法、体系使资源的配置更集约。人才培养方式的重构需要管理方式的重构作支撑，其中包含了对资源配置活动中的事和人的管理，所以人才培养方式的改革，实际上是高等教育管理方式的改革，这是高校的软实力。但是，管理体系的改革又是复杂的，人与事往往受制于习惯做法、习惯思维方式，需要我们进行不断地甄别和不断地调整完善。许多时候改革可能冲击着我们的思想，可能带来对人的利益的挑战，包括经济利益、心理感受、支配权、话语权甚至于自己岗位的调整等等。但是，市场经济的浪潮无时不在调整、变化着市场主体的社会地位，其变迁的速度往往要远远超过自然更替，今天的优势，明天就可能变成劣势。对组织同样是如此，今天一个非常有影响力的组织明天可能变成了一个无所作为的组织，在企业界这种变化的残酷性更是屡见不鲜。是什么在起作用？是人的追求，人的价值、人的创新力。高等教育也会走向这种发展路径，因为这是社会发展过程中难免会出现的，对任何市场主体都是一样的竞争局面。

高等教育转型的根本是思想观念的转变，也是思维方式的转变。 实际上，是我们从习惯了的传统资源配置方式，转向集约的市场的资源配置方式。人才需求与人才培养都是人才成长价值链的不同环节，两者的相互配合无疑是最大地集约了社会的人才资源，基于此，全社会就会更好地提高人的价值，更有利于经济的发展和社会的进步。

改革的角度

多年来，我国高等教育主要采取了单一的学科本位的教育方式，这种教育方式是我们的先贤们较多地借鉴国外（尤其是前苏联）大学的模式而创立的，几经变革，留下的大都是我们所熟悉的计划经济思维模式所导引的培养方式。这些年来，我们在这一传统的路径上不断演进，教育了一代又一代的学生。这种教育方式的大背景是计划经济，那个时代由于计划高度统一，使得高等教育受到了诸多方面的制约，更多地是依赖上级的指令，自我的创新相对较少。改革开放的三十多年间，市场经济如火如荼，高等教育也由精英教育阶段进入了大众化教育阶段，成绩斐然，但人才培养方式却更多地是沿用了传统，与时代发展对人才的需求有距离。

人才培养方式的改革，具有极其严峻的挑战性，是我们由思维方式转变而推进行为方式改革的艰苦过程，需要许多要素的改革和协调，我认为可以选择两个角度切入。

一是以专业为主体的改革，就是基于每一个专业对学生培养方式进行改革的探索。发挥专业对学生就业市场更加了解、需求情况相对清楚的优势，发挥专业教师与学生接近的优势，制订出符合社会需求和学生成长需求的人才培养方案。在这其中有两个因素起着很重要的作用：一方面是对需求的了解，包括人才市场的需求和学生成长的需求。对人才市场需求的了解，目的是解决我们要如何培养学生的谋生能力的问题；对学生成长需求的了解，是为了如何因材施教，将谋生能力镶嵌在自己的兴趣之上，自我的幸福感也是教育的重要责任。另一方面是对高校培养能力的了解，因为确定人才培养的目标很重要，而是否有能力实现我们所确定的目标更重要。如果我们的培养能力所不及、好高骛远，那么这样的培养目标也只能是昙花一现，所以对培养目标要有清晰的认识，方向不能错，实现程度要明确。同时我们应该加速提升培养能力，以尽快地支撑目标的实现。需求和能力两者相结合，使实现目标的愿景成为可能。这些就需要对资源的配置情况有充分的认识，提出切实可行的人才培养方案。

二是学校职能部门的改革，至少也有两种方式。一种是继续坚持自己习惯了的管理调度方式，让二级学院、各个专业按照各个处室的工作要求来落实执行，这种方式无疑也能起到一些效果，但毕竟是难以概全，不能很好地发挥“群众”的主动创造性。另一种是对各个专业、各个学院制订的人才培养方案进行咨询论证，提出一些与现行政策规定有冲突的地方，对这些冲突点进行具体的分析，看是从本本着眼呢，还是从更有利于人才培养的方面着眼，基于这些问题，提出探讨解决的方案。上级政策一定有其必然性，但一纸公文应对不同的大学也一定有其局限性，我们不可孤立地断章取义地执行，而是要掌握其精髓，结合实际贯穿于具体的工作中，这也是上级文件的精神所在。这种方式推进改革可能对职能部门更有挑战性，它需要变换思维方式，从以“我”为中心，转化为以“专业”为中心。可能同一个问题对不同的学院、专业会提出不尽相同的解决意见，这就需要创造性推进解决的进程，也是改革的真谛所在。因为市场经济背景下，对于人才的需求，也是更加多样的，不可能用同一种模式培养出来的人，去适应若干不同的需求，只能突出专业培养的特色，以相对自主的专业培养方式来提升学生的从业竞争力和发展潜力。

思维方式的转变，是推进改革的深层次要素。在改革的过程中，一定会有许多错误、不当、不善等环节和内容。因此，发展的过程实际上是不断发现、解决问题的一个过程，而不能以个别环节出现问题或某个专业出现问题为理由，阻碍改革的进程。支持改革、宽容改革，应该成为人才培养方式改革的基础条件，成为全校上下的共识。

改革需要思想火花的碰撞。它的碰撞更多地是来源于意见的交流，而不是把意见隐藏在背后，碰撞没有发生，而隐形的阻力却有了很大的市场，更有可能引来有人的借机发挥。改革需要我们潜心对深层次问题的挖掘和分析，以提出其带有规律性的东西，顺其规律而提出解决的意见。事物的发展将会向纵深推进，改革也要随之不断地推进。发展的趋势是我们渴望人才培养方式提升的走向，而改革是发展的强劲内驱力，是从组织内部释放的发展动力，是组织核心竞争力的重要支撑。人才培养方式不断地优化，就会使得学生成长力不断增强，学生的成长将会使学校美誉度、社会贡献度更大，就会不断地提升学校的竞争力。物化了的东西容易被别人所看到、学习，而依附人身上的精神性东西，内化在团队身上的精神的东西却很难被别人所掌握，如：人才培养方案很容易被别人借鉴，而不断创造性的实践精神却是蕴藏于人的身上的，这才是组织的核心竞争力。

人才培养方案改革的过程，就是将其内化为打造学校核心竞争力的过程，提炼学校精神的过程。解决人才培养方案改革问题，实际上是链接了我们的思想方法、思维方式和行为方式的问题。这一转变的过程，需要我们有更大的思想开放性，这包括组织对外的开放、组织内部的开放、人与人之间的相互开放。只有开放，我们才能更多地汲取营养；只有开放，我们才能够在更加宽泛的领域争取资源、优化配置资源。管理方式的转变，是我们打造开放性很重要的环节，奢谈思想的开放，而不能落在具体的实践中，那样的开放只能是空中楼阁，将开放的思想落在管理方式的开放上、管理实践的开放上，才能使开放的思想在实践中生根发芽。每一个管理环节、管理方式的实施，都要慎重地考虑实际问题，以其思想解放，落实在践行解放的相互支撑过程中。

基于人才需求与人才成长
打造精致的人才培养能力

交通事业正在呈现着综合交通的发展趋势，我校的成长历程和积淀，决定了我们应该成长为综合交通人才培养的高校，工、经、管、理、文、法、艺各学科的发展都应该贴近交通事业的人才需求，形成交通背景浓郁的学科专业格局，并在此布局基础上，不断提升我校人才培养能力。

用市场的手段配置资源是当代社会运行的主要方式。人才是最重要的资源，人才效益是否得到充分的发挥，需要经过市场的配置来检验。我认为，我们高校人才培养的目标定位和毕业生最能够实现自身价值的就业定位应该是一致的。社会需求是多方面的、复杂的、不断变化的，有时急有时缓，有时还会产生突变或颠覆性变化；市场的诸要素，包括人才需求也会随着市场需求的变化而变化，学校对人才的培养也应该围绕人才需求的变化而调整自己的培养定位，以此引导培养要素的优化配置。同时，要不断捕捉市场需求信息，超前研究人才的需求走向，努力由适应人才市场的需求，提升为适应与引导人才市场需求相结合。

人才需求是动态的，它随着社会的发展表现出不同的特征。了解和感受市场的变化就成为定位人才培养目标的基础和关键，一个学校要有自己的服务领域，但学校服务领域是各个专业服务领域的集成，只有每一个专业真正地确定自己的人才培养目标并努力实现，才能承载起学校整体的发展。市场信息是纷繁的，需要我们去感悟和把握，如何将交通事业发展的朴素的、纷繁的、迅速的信息，动态地提炼为理念的、技术的、系统的、前瞻的教学素材，这对我们来说是重要的挑战。市场经济就是通过满足市场需求来确定自己的产品和服务定位。高等教育提供的是人才成长的服务，是人才附加值的提高，需求的引导作用是培养的起点。

应用型大学主要培养解决实际问题的人才，所以，应该以实战能力培养为教育的重点。如工程师是在一线干的，其特点首先是实战，他能发现问题、解决问题，能引进新技术、新工艺等等，要画图就能画图，画完图还能做出来，做完了还能提炼为成果。但是，依照现在的培养方式很难实现这样的培养目标，这就要求对许多传统的教学方式和教学内容进行变革。举一个例子，“大学英语”这门课，每个学生都得学，全校几乎都用了同一套教材，教师教课容易统一，学生考试容易统一，但就是学生的学习针对性不够，如果汽车专业的英语能结合汽车英语教学，使学生对汽车的专业术语很熟练，能流利阅读汽车业内的英语文献，那么，有限的英语学习时间里取得的效益会更大。专业理论课结合实际工程案例讲授，可能就更加有针对性，理论的基础作用和工程案例的具体剖析相呼应，更有利于学生的融会贯通。如果将职业训练与专业技能训练相结合，可能更有利于学生实际从业能力的提升。职业训练强调交通行业的生存能力、自救能力、救护能力、组织能力等等的训练，交通学院的学生都应该学会对突发交通事故的应急处理，学会自救、救人；有的技能一生可能都用不到，但万一用时却不会，就可能会危及生命。专业训练就是根据不同专业进行不同的实验、实习等等。在训练中，要培养学生提出问题、分析问题、解决问题的能力，与此同时，还要训练其形成成果的能力，如一篇文章、一篇感受，或者是申报一个专利等等。基础课赋予专业的特点，专业理论课结合实际工程案例，职业训练与专业训练相结合，应该值得我们探讨。由此，我们的教育模式、教学方式、教材内容等都要产生根本性的变化。以专业能力培养带动整体素质提升，将专业能力与思想方式淬炼于一体，鼓励个性发展，能否成为人才培养模式的突破？高等教育要满足社会发展对人才的需求，这也是人类可持续发展的必需。社会需求往往更多地关注实现社会功能，其实，社会需求中还应该包括作为个体的自我成长需求。自我成长至少包括胜任岗位的能力和自己内心幸福两方面，而当今社会，个人的心理健康更为重要。高等教育起码要培养人的谋生能力和自我成长的幸福感，鼓励学生将个人兴趣与事业发展相结合。从业与自己的兴趣不相符，会造成社会资源的巨大浪费。当爱好和工作相一致，工作就容易全身心地投入，兴趣可以衍生无限的创新力。如果说，满足社会需求是人才谋生手段的话，那么人才成长更在于自我的兴趣展现，内心的幸福感。如果将实现社会需求和人才自我追求的兴趣融为一体，就可能使人的智慧极大地发挥，就能将对工作目标的实现和自我的幸福感融为一体，人的创造性就会非常活跃，人从事工作的自豪感和幸福感就不会枯竭。两者的统一是对人力资源的极大集约。

确定了人才培养的目标定位，就要以此为主线优化配置所能够利用的校内外教育资源，其核心是教育模式的转变和教育者能力的提升。其中，最为重要的是，要树立人才培养目标以需要为主旨的理念。我们习惯于资源供给式的教育，就是我会什么、有什么就教什么。而市场经济强调的是需求的引导，满足需求才是培养的起点。需求是多样性的，学生成长的目标又各具特色，一种培养方式对所有学生不足以适用，很难满足不同学生的成长目标；用一套教学方式就很难使学生的成长多姿多彩。我们应该将个体成长纳入个别培养和分类培养之中，使学生的成长兴趣与今后的事业相结合。进一步拓展成长通道，变一个通道为分类、分别相结合的、深入个体的成长通道。毋庸讳言，我们的教育资源是有限的，依靠学校的现有条件很难实现个别培养的目标；但是，我们可以启发和帮助学生发现自我，促进自我自觉的个性化成长，在建设中不断完善我们的培养条件。

人才需求要从行业的发展来理解，我们可以用很多方法去调研人才需求情况，如考察、会议、网络、材料等等，但是这些都代替不了应用性课题的历练。应用型大学开展应用性课题研究是提升办学水平的最好的内驱力，如果教育者或教育团队没有解决行业实际问题的能力，就很难找到工程的感受，也就很难培养出具有实战能力的学生。科研、教研要围绕专业、岗位进行，使应用性研究和服务成为主体，既可实现对社会的服务，对人才培养的改革，又能使其成果化、理论化。如果科研重在专业知识和技术的提升，重在为行业企业服务，那么教研应更加注重人才培养的资源配置方式研究，关注的是培养方案、培养过程、培养方式、培养技术……的研究。如：原来我们的教材大都是课本，大部分就是按照课本内容讲；那能否考虑用课本、辅导材料、网络材料等组成丰富的教材呢？课本是滞后的，工程实例是现实的，跨海大桥、沉管隧道、云计算等等，课本上没有那么及时的，可以用辅助材料作补充介绍；而利用网络的资料，可以聘请一线的工程技术人员来讲。考试的方式可否进行改革，使日常的考试与期末考试相结合，不要期末考试一锤定音；加大日常淘汰力度，但是要与补修畅通互补；我们坚持从严治校，不能按时考试及格的、毕业的，可以重新补修，补修考试及格的，毕业证再补发。科研、教研的不断结合，就能够强化对变化的市场信息与培养过程的融通，长久坚持，组织的成长力、老师的能力就会不断地提高，日积月累就会形成学校的核心竞争力。干成事、炼成果、获其奖、得其利，将成为资源利用的效益体现。

帮助学生成长就要理解学生，学生正处在成长期，有时候并不十分清楚自己的优势在哪里，并不能系统地了解自己。由于年龄、阅历、成长经历等因素决定了大部分学生不能全面或精确地确定自己成长的路径，对社会的认识能力也有待于在成长过程中得以提升。所以教育者对人才成长的培养作用就显得至关重要。教育者要入其心、发现其优势所在、激发其奋发之气。学生的自我学习能力和成长能力，是其真正的竞争力所在。

基于人才的市场需求与人才的成长需求，打造我们的精致培养能力，应该成为我校竞争力的重要体现。教育者应该对两个需求有深刻的理解，将两个需求结合起来，实施精致的培养过程。在需求目标的引领下，如何设计人才培养的路径？在此路径的基础上，如何实现对人才的精致培养？包括对目标刻划的精致性、对培养路径设计的精致性、对培养实现手段的精致性等等。就像艺术家对其作品的提炼一样。画家可以把对山水人物等自然和社会景观的理解表现为一幅作品，其理解的境界决定了作品的思想性；其表达的手段体现了画家的技术性。当画家对事物理解得深刻、独到，运用很娴熟的手法、技巧表现出来，那就能创作出一幅好作品，画家的表现就是精致的。小说家对社会的某一段发展经历，某一个故事，某一个人物进行较好的理解，同时用跌宕起伏，让人易于共鸣的手法表现出来，就能写出一篇好的文艺作品。同样的故事，很多人都能看到他的思想性，也体会到一定的深度，但他没有语言的功力和故事的构想，他就难以写出好的作品。工程师也是这样，工程师的责任是将技术问题进行分析、融通并设计出解决的方案、解决好技术问题，既有实用性、经济性，又有很好的美感，就是精致的表现。

交通人才精致的培养能力在哪里？需要我们大家共同的探寻和发掘，我想这可能是我校的特色和竞争力所在。教学改革意义重大，需要大家共同践行努力，此文权作大家评头论足之的，以凝智慧之箭。

发表于 2012 年 9 月 17 日《山东交通学院报》（总第 501 期）第一、二版。

突出实战能力培养
打造学校的竞争优势

市场经济瞬息万变，对其中的任何组织的生存与发展都会不断地提出挑战。适者生存变得更加严峻，适何者，我认为可能更多的是适应市场的需求，高等学校也难以例外。高等学校担负着传承和发现知识的重任，事关人类社会可持续发展大计，而传承和发现知识是依附在人才培养之上的，社会对人才的需求不断变化，高等教育也应该随着社会需求变化而不断变化。需求变化来源于外，而适应变化却在于内。

山东交通学院是一所应用型的大学，其专业学科的设置突出了交通行业需求的人才培养，路海空轨是学科专业建设的基本格局。路：筑路、架桥、隧道建设，以及与之相连的工程机械、路上运载工具、物流运输、交通管理等相关的专业；海：海洋运输、船舶工程、港口建设、海政管理、游艇等与之相关的专业；空：飞行技术、航空器设计制造与维修、航空电子、航空物流、场站服务等与之相关的专业；轨：轨道建设、轨道交通运输组织管理、信号控制、机车设计制造与维修等与之相关的专业。学校其他学科专业的建设，都要围绕着综合交通运输人才的培养设定专业发展的目标，形成自己专业的优势，以培养适应不断变化的综合交通运输所需求的人才。学校人才培养的目标定位是一线的有成长力的工程师和管理者。其含义主要包括：学生实践能力、创新意识和创新能力、成长能力。以此为统领，依托于学科专业，优化人才培养方式，使人才培养目标体现在人才培养的整个过程中。可从“调研、规划、实施、反馈”的过程进行探讨和实践。

一、人才需求调研，明确培养内容的来源

社会进步和经济发展是人作用于资本的结果，人是根本。培养适用和引领社会进步和经济发展需要的人才是高等教育的根本任务。高校对人才的培养是以专业为载体的，专业人才的需求调研，看似调研人才问题，实际上应着眼于该行业科学技术、管理水平等要素，我国现状、国际发展的前沿以及对未来发展趋势的展望，虽是人才问题实为经济发展和社会进步的综合问题。通过调研归纳出人才需求的知识、能力、

素质的基本内容，概括出人才培养的目标，并尽力表述为各类指标，以此确定教育的主要内容。其关键点是解决人才培养的内容是来源于社会对人才需求的问题，而不是仅来源于年复一年的课本教材。社会对人才需求是复杂的，涉及内容宽泛，且是不断变化的，要清晰地表达人才的需求状况，就需要教育者深入调研、分析、发现支撑人才培养的主要的知识、能力、素质等诸要素，理清其内在的逻辑脉络和支撑体系，此为人才培养的起点。比较现行的教育体系和内容，可能会对许多环节提出挑战性思考。其主线是突出应用型人才的培养目标，实现培养内容、培养方式方法等的优化配置。

了解人才市场需求的途径很多，跟踪调查毕业生从业状况应该成为首选。毕业生是学校价值的延伸，顺着他们成长轨迹，可以更加真切地了解到我们培养的效果，毕业生的真切感受会更加有针对性地对学校的培养过程提出真知灼见。同时，应该更加主动地加强学校与社会的交流合作，通过科技合作、成果转化、社会服务、社会调研等方式，通过校企共建合作团队，使我们深入到专业需求的一线，了解工程人才所需，感受不断变化的技术、管理等变革和创新，了解市场活动和人才成长的基本规律，更好地历练教师实践能力、创新能力，不断地增强市场经济的感受。因为，应用型人才的培养，如果离开了教育者的实践、创新能力的提升，也就难以达到应有效果。

另一方面是对学生成长需求的调研。市场经济的发展创造了人类社会诸多的进步，这些进步许多是来源于人的奇思妙想，而后衍生出不同的产品和服务，人才的差异性特点，要求对其培养也应该彰显其个性。高等教育不只是要学生有很好的谋生岗位，其自身成长的幸福感也是教育的本意，将个人幸福与职业谋生结合起来，对人才的成长更为有利。因为人确实是不能只依附着谋生而活着，更要达到内心的幸福感，我想这也是社会发展的必然趋势。谋生的途径和岗位很多，能够将自我成长的幸福感与谋生结合起来，其对社会贡献的源动力会更加强大。

二、规划设计方案，清晰培养体系的构成

基于对人才市场需求的调研、学生基本状况和成长愿景的了解，加之遵循着高等教育规律，规划设计人才培养方案，至少要有如下几个方面。

学习内容的构成。知识涉及哪些部分，每一部分的支撑课程如何设置，每一课程的主要知识点及其依托资料，专业核心课程架构等知识的组成元素；能力的基本要求，训练的

内容构成，依托的训练方式等；素质的基本要求，如价值观、社会公德、团队合作、沟通能力等内容构成，及其实现载体支撑等。

实现程序构成。教育内容如何实现需要整体的勾画，知识内容如何排列，是按照一层层知识逻辑递进关系来实施教学，抑或是按照新知识点逻辑展开方式教学，抑或是两者相结合的方式，都属于教学实现程序；我们习惯于按照学科体系，系统地安排教学内容，通篇结构严谨，体系规整，很有利于学生对学科的整体把握。然而，在知识应用的现实生活中，很少是按照学科的套路，而是诸多学科知识的集合，看似不同学科的知识没有关联，恰恰是由于产品或服务的功能将其联系在一起，由知识点展开探讨知识学习就有了现实意义，在学校的教育过程中，要强化此类知识学习的方法和训练。能力素质的培养，课堂课余、校外校内如何配合，时段如何安排，等等，都应该整体设计，做到实现路径清晰。尤其是对实战能力的训练要有系统的安排，循序渐进使学生不断提高综合运用知识的实战技能。

团队角色构成。教与学是团队合作的过程，且团队构成在不断地变化中。学校是大的团队，实施着教育教学的整体工作，围绕着学生成长创造氛围和条件，每一个工作生活环节都应该纳入到教育的团队工作之列。围绕专业建设有教师团队，班级是学生学习团队，等等。诸多的团队构成，虽然内容方式不同，但都应该围绕着培养学生开展工作和活动。团队中的每一个人都在扮演着不同的角色，而角色职责的如何实现是方案的基础。

实现程序的设计要清晰可依，顺着逻辑的进程，发挥着每一个环节上每一个人的创造性，如：课程内容虽然确定，但如何实现内容的讲授，却是任课老师的创造性劳动。过程控制、反馈系统等都应该是方案的分内之事。

人才培养方案的设计，就像是舞台剧的脚本，既需要系统勾勒出表达的内容，又要充分发挥演员的天赋和能力，创造角色的艺术感染力，以及每个角色之间的协调，以及与人才培养相关的资源配置协同。

三、精致实施过程，提升人才培养的质量

人才培养是依托于专业来组织实施的，对人才培养方案的理解是实施的基础，实施就是以方案为蓝本，实现人才培养的过程。人才培养过程是通过团队协同工作实现的，学校是大的团队，形成了学校整体的教育体系；不同专业的学生，为之教育教学的教师、辅导员、党团干部等共同组成专业教

与学团队，各自承担不同的内容、角色。教育者团队，分为直接教育者和间接教育者两个层次。直接教育者就是与学生直接打交道、直接体现对学生成长帮助的教师、辅导员团队、校外指导教师等等，对学生教育起主导性作用，其成员可能来源于不同的学院或部门，但都承担着本专业的教育职责，都应该围绕本专业的培养方案开展教学，这就对每一个教育者提出了新的要求，不能以一套讲义面对所有的学生，而是应该强调其专业特殊性，以及不同班级学生的特殊性。所以，深入理解方案、深入了解不同班级的学生就成为了每一个教育者的必需。间接教育者就是为学生成长实现环境创造的保障和后台工作的人员。要清楚地认识到，学校工作都是围绕着学生的成长成才，都要指向“学生培养”这一核心工作，行政、保障部门提供良好的服务就是育人。受教育者团队即学生班级、寝室、社团、兴趣小组等等是相互促进成长的团队，同是教学的关键，教育效果最终要落在学生的行动上。

在实现人才培养的过程中，每一个人都在承担着不同的角色任务。每门课程是由一个或几个任课老师来承担的，要求在实施过程中，要体现角色对体系的支持，对实现目标的作用，如培养社会主义建设者和接班人这一要求，这就界定了每一个教师对言传身教的基本规范。同时，教师对担当角色的深刻把握，为丰富、创新教学内容提供了自主发展的空间，同一门课不同的老师讲授，学生有不同的反响，就在于此。学生更应该完成自己的角色职责，因为成长最终要落实到每个学生个体的身上，个体自身成长才是教育的目标实现。或许被迫的学习也能够达到学习的目的，但总不如幸福的学习、有兴趣的学习来得更加自觉；被迫的学习使人怠倦，没有持久性，而有兴趣的学习可以缔造终身的学习幸福感，可以支撑起自我成长所需。

高等教育是系统工程，是在不断地演进和创新发展的。任何方案的设计都会有缺憾，培养过程中许多要素也会发生更新和变化，如新知识的发现、技术的创新、教学方法的改进、学生来源的不同等等都会对教学过程提出新要求，这就需要我们动态的调整教育的方案和过程。

四、畅通反馈渠道，促进培养系统的优化

高等教育工作是周而复始的，但对每一个学生其受教育过程则是不可逆的，及时反馈教学效果可以促进工作的不断改进。这其中至少可以包括反馈点的设置、效果的评价主体、反馈意见的应用等方面。

工作效果反馈是随机都可能发生的，但学校更应该设置

几个重要的反馈点，以阶段性或系统地评价教育效果。由远及近的毕业生从业成长状况的反馈，可以长期性评价学校的整体工作，对学校办学理念、办学定位、价值取向、办学实力等重大问题提供重要的反思依据。对毕业生就业情况的反馈，可以直接反映人才市场需求、学校培养质量和信誉等。在每一个学期对每一门课程、实验实习安排、学生班级状况、学生素质提高程度等进行反馈，则更有利于教育过程阶段性改进。如果能够对每一门课、每一堂课、每一个活动参入者能够自觉进行反思性反馈，其积极的意义则不言而喻。

教育效果评价主体的设置要体现培养的目标。用人单位是重要的评价主体，不同学校的毕业生从业状况在用人单位的比较，可以凝练学校的特色，并不断地演绎学校发展的价值所在。毕业生是评价的主体组成，潜心研究他们的成长历程，可以凝练出学校的核心竞争力。在校生也是评价的主体组成，对他们的形成性评价和总结性评价更能及时反馈教育过程的优劣，其对自身的教育效果影响更大。专门的督导队伍、教育者相互和自我的评价，是对熟悉的专业领域更有针对性的反馈信息来源。

反馈机制是为了不断提高组织绩效，反馈意见的应用既有个体的自我改进，更有组织系统的改进指导作用。个体成长能弥补组织的短板行为，而组织的改进更可以促进整体素质的提高。当我们认真对待每一个反馈意见的时候，组织就在实现着日日新。

通过调研、设计、实施、反馈的循环实践，就会不断地发现我们的成长点。中华民族的复兴期待着人才的辈出，高等学校加快改革以促进人才培养质量的提升是职责，我们应该奋力而为之。

发表于 2013 年 6 月《山东交通学院学报》第一 ~ 三版。

课　程

我们都看过舞台剧，围绕着主题，一幕幕跌宕起伏地展示着故事的内容，故事情节、演员角色、道具、布景、灯光、音乐等元素构成了全剧，在愉悦观众中达到某一种价值的传送。人才培养与舞台剧颇为相似，围绕着人才成长，我们依托着课程、活动、设备、技术、文化等元素，通过工作组合实现了人才培养与人才成长的过程。舞台剧的效果如何？故事内容、演员的表演水平是重要因素，其他元素是不是恰如其分，也都会引起观众的感受和评价，并影响着整体效果。实际上对人才培养的内容设置如何？课堂、课余、校内、校外、教者、学者等各方面的协调配合如何？尤其是讲授的内容和教师的水平等，都会影响着人才培养的效果。只不过舞台剧对观众不需要有受教育程度的要求和检测，无论是谁只要坐在了观众席上，都可以对舞台剧评头论足；而大学教育不只是教育者的工作，更重要的是学生能否达到学习的基本要求，是要经过考试来检验的，并在其中评价教育者的教学水平；舞台剧中演员要求是专业的，而观众可以是业余的，而在大学的教室里教师和学生却必须都是专业的。影响大学生成长成才的因素很多，而在诸多因素中，课程是人才培养最重要的载体。

好的课程我认为至少要关注如下几个方面。

一、培养的价值主线

在大学里，根据社会需求和学科规律形成了不同专业，其专业要求的价值内核是什么？需要我们有清晰的概念。人类社会经过长期的社会实践，发现和积累了包罗万象的浩瀚知识，人即使倾其一生尽情地学习，也只能了解知识海洋的点滴，如果不能够将有限的大学时光，聚焦于有限的专业学习领域（专业既可以是一个，也可以是几个），使其学有所长，那他就很难成为一个有用之才。人的成长是一个整体概念，主要可以通过素质、知识、能力三方面来描述，大学可能由于定位不同，对人才培养的侧重点也会有所差异，从而形成了不同的人才成长轨迹，我暂且称之为人才成长的价值主线。

我认为，循着专业能力的成长，就容易寻觅应用型人才培养的价值主线，只是不同专业人才的服务领域有所不同而已。素质、知识、能力其实是共融于人身的，专业能力凝聚着素质、知识的积累，素质的提高、知识的丰富也有利于能力的提升。依附着提升专业能力应该学习哪些知识、如何注重素质培养、采取什么方式训练？等等，由此可以分解出不同的培养内容，择其要点规划布局，就构成了课程体系和课程。课程是在某一方面或某一时段赋予人才培养的内容，课程体系是诸多课程的有机结合，是脉络相通的整体，而不是孤立简单的课程累积。

二、课程的目标内容

每一门课程的容量都可以很大，如果我们尽情展延，有限的课时难以应对，所以只能有限地择其要点，对课程的目标、内容、实现方式进行规划设计。课程的目标是完成课程体系对某一方面知识的要求，课程的路径是顺着人才成长的价值主线，实现课程的教学内容。每一门课程可能会有几个单元，每一个单元各有其若干重点内容，每个重点由一节课或几节课来完成，每一节课都应该有自己清晰的分布，以使要解决的问题非常清楚。课程内容的组成不只是任课老师自己的事情，更是人才培养团队智慧的集成，这个团队包括了任课教师、参入此课程教研的老师、实验老师、辅导员老师、学生、教育管理等保障人员等等，是相关人员的工作集成，如果各行其是，是不能达到整体最优的。在阶段性的教学中都是几门课程交叉进行的，共同构成了学生成长所依存的内容。就像舞台剧中，每一个角色依据各自的分工表演不同的部分，所有的集合构成了故事的全部。舞台剧的主创可能是少数人，而真正搬上舞台确是经过了众人的千锤百炼。我们的人才培养所面临的窘境是，培养方式、课程体系、课程目标内容等可能没能经过充分的论证，没有经过集体的锤炼，虽然有培养方案的一般要求可以遵循，但更多的是各自为战，仿佛是一个个作坊推出了各自的产品，拼凑了一个时段的产品系列，缺乏集体智慧的凝练，培养质量大打折扣也就在所难免了。

三、教师的角色

当课程内容确定之后，课程效果如何？很重要的一点是教师专业知识掌握的程度和将知识表达出来的能力。课程不仅是内容的罗列，还要达到应有的效果，并对效果进行评价，会涉及学生学习兴趣的调动、师生的相互配合等等，这是对教师职业水准的要求，体现于学生对知识的掌握程度。就像舞台剧的演员，同样的角色，不同的人去表演，可能达到的效果大不一样，为什么呢？演员的功力不同使然。谁去评价表演效果？是观众。课程效果也是如此，不只是教师表达了对知识的感悟，更重要的是将这种感悟传递给学生，并能在其身上繁衍。每一门课程所实现的效果，只能是教学的一部分，因为，不同课程交叉作用于学习的不同时段，每一门课程都会在学生身上发挥着不同的作用力，教师不同、讲授内容各异，但都需要在学生个体身上实现融通，以滋润其成长。实现课程协同创新，应该成为人才培养方式改革的重要内容，由注重课程的独立教授，上升为课程体系的教育作用协同推进，并使之成为组织的自觉。就像舞台剧仅有个别演员表演得好是不够的，更需要全体演职人员的共同努力，才能实现全剧的效果最优。

四、学生是课程主体

课程建设和实施的主导是教师，而实现学习效果的主体是学生，这也是课程的目的。为了适用于人才的需求，我们需要探究课程的内容，使其反映人才需求和专业发展的前沿，这是学生从业的依托；为了适合于学生成长的需求，我们需要走近学生以恰当的方式实施课程，如果能够激发出学生学习的激情，对于课程效果的实现无疑会事半功倍。引导学生主动参与课程，以探索的心态学习知识，会丰富课程的内容；培养疑问和创新的意识，会增强知识掌握的牢固性，较之被动应付考试的学习态度就有了天壤之别，而发现学生成长的最佳兴奋点，将谋生镶嵌于爱好之中，是对学生终生幸福的启蒙，更是对学生的智慧的集约，这应该成为教育者的社会责任。当然，兴趣不只是发现，也是可以培养的，人的兴趣点也可能有多个，不同的时段可以采取不同的方式激发不同方面的兴趣点。

实现课程和课程体系的建设，需要强有力的组织保障。因为我们习惯了不同课程的相对独立，推进人才培养方式改革需要建立应有的机制，更需要我们行动的自觉。

发表于 2013 年 9 月 27 日《山东交通学院报》（总第 528 期）第一版。

活　动

活动的定义是很宽泛的，在这里限定了一个狭义的范围，只是借用了大学生活中的习惯用法，指在大学生课余时间所进行的一些活动项目，如文艺活动、体育活动、科技活动、社团活动，校内活动、校外活动，学校活动、学院活动、班级活动、小组活动，网络活动等等，它是学生成长所依托的重要形式，与课堂教学呈相辅相成之势。大学生活中，活动往往对学生的成长会起到柔性的培养教育作用，学生有很大的参入自主性，更容易通过爱好聚结团体，通过兴趣把自己的智慧启发出来，实现自我锻炼和教育。人才培养方式改革要充分发挥学生活动的作用，使活动成为学生成长教育的重要方面。

一、实现活动效果和成长效果双目标

高校是培养人才的地方，大学生课余活动应该有很强的教育目的性，组织活动的人员、时间、空间、物质条件等是有限的，有限的资源要实现最佳的效果，就需要精心的活动组织和设计，可能在以往诸多的活动中，我们更多的是关注活动本身的效果、影响和评价，而参与其中的学生成长效果如何？却鲜为引起我们主动、全面的意识，实际上活动是教育的载体，对学生成长进步的作用才是我们应该真正关心的事情。大学对人才培养的特点，强调活动要与人才培养的主线相吻合，活动内容的设计要符合学生成长的规律，并有意识地对学生整体素质的提升进行把握。如：大学有很多文艺活动，这会演那比赛，对每一个参与者都是锻炼和愉悦的机会，但如何使其教育作用更加真切、有效，很大程度上要看我们设计的活动内容是不是能更好地体现成长性。许多时候，文艺活动可能是大家丰富生活的娱乐形式,但是当我们将自觉的成长性寓于其内容设计时，就会将诸如概念的提炼、个人能力锻炼、整体素质提升等等不同程度地植入活动中。如果我们将组织一次文艺活动当作一次多方面锻炼自我的机会，就会分解出若干环节的教育内容，面对活动主题的提炼，就会涉及好多时代的内容和参与者的心理感受以及客观背景的认识；面对活动的组织实施，就会引进一些管理的理念、方式、方法等等，如果我们将学生阶段性成长的心理需求，用文艺活动的形式表现出来，内涵就可能增加了许多深意，无论是演员还是观众都会感受到和一般的娱乐活动不同，无疑教育意义就不同。可能一次好的文艺活动，对表演者、策划者来说，都是一次难得的思想锻炼的机会，而对观众来说，如果能引导其通过对主题的观察和表演效果进行评价，体会到一个项目整体的构成及其思想的过程，无疑就会使得自娱自乐的活动，赋予了主动地教育内容；如果整个活动体现了大家的群策群力，那教育的效果就会更好；大学里许多活动的磨练和思考，积蓄了学生人生的给养。活动中奥妙无限，关键在于我们能否使培养教育的功效畅游其间。

二、既要扬长避短，又要练短为长

现实中，人们大都会发挥自己的优势从事某些工作，团队组成更注重每个人的特长集合，我们往往也会教育学生扬长避短，这是基于发挥人的最大能量所想，是资源优化配置的方式；但在大学生的活动中，我们也应该注意对学生自以为不足方面的强化训练，“练短”应该成为教育的应有之义；人们很容易形成一些习惯性自我认识误区，抑制着一些自以为不擅长的才智的彰显，有的人可能由于羞涩、胆怯、恐惧等多种原因，致使自身极具价值的潜能长期没能得到开发，犹似瑰宝未曾被探访，而终没得以现身。大学更要鼓励学生做多方面的尝试，通过实践的比较认识未曾发现的自我，人生挫折是必然的，成功和失败都是大学教育的载体，训练学生的耐挫折力本来就是强壮成长力的组成部分，不可有意回避之。比如说，有些学生自认为不善于演讲，就刻意不参加类似的活动，但是我们知道演讲是开放性社会展示自我的技能，对别人的演讲品头论足容易，而轮到自己就另当别论了，有人念稿子抑扬顿挫很流畅，但即兴演讲却词不达意，逻辑混乱，为什么？缺乏演讲的综合训练。大学组织活动的目的，很重要的是锻炼诸多方面的能力，优势更优、劣势相对变优，诸多的方面都要勇于尝试，许多的技能要着力训练，要珍惜大学的机会，积极地培养大学生的自我成长力，人生本来就没有什么绝对优势，竞争取胜也只需要相对优势而已，自己的短比别人的短长一点就是相对优势。

三、表演者提高，观摩者亦提高

大学的活动既要关注活动过程的组织，又要关注活动教育的组织，每一个活动可能会有直接的参与者（如演员）、间接的参与者（如观众），活动的组织是一个循序渐进的过程，而教育锻炼的价值也要镶嵌在其中，许多活动过程中同学们热血沸腾，活动过后同学们就随之离散，而教育的价值却没能很好地提炼，活动的延迟效益不够。如果我们能够有意识地将活动的总结，与学生成长很好地衔接起来，它的延伸价值就会非常大。比如说，一次运动会，我们能借助于场上场下的许多事件发现优劣，对运动会的得得失失进行评价，就会借机学习许多东西，如果能将运动会与自身精神的激发结合起来，那么我们就会知道运动会是对自我潜力的挑战，即依托于运动会展示出内心的精神渴望和激情的迸发，无论是运动员的拼争，还是观众的呐喊，输赢只是个形式，而内心激情的涌动，却是运动会难得的体验。

实际上，大学所组织的活动巨多，内容丰富多彩，是大学生不可或缺的学习空间和成长的载体，我们应该精心地策划活动内容，挖掘隐匿于其中的深刻内涵，以使大学生在活动中得以锻炼成长。

发表于 2013 年 10 月 17 日《山东交通学院报》（总第 530 期）第一版。

自我的成长

大学是人才成长的殿堂，在这里有课堂、实验室、图书馆、校园等良好的学习条件；在这里，有大批有学识的教师、有朝夕相处朝气蓬勃的同学们；在这里，有相对充沛的自我支配的时间、有许多可以展现自我的地方；在这里，可以砥砺精神、积累知识、提高素质、锤炼能力、放飞梦想……生活在处处荡漾着知识的大学中，沐浴在充满生机和活力的校园里，要做到使自己不断地茁壮成长，却须臾也离不开自己努力学习和探索。

大学里培养学生成长的内容有很多，而专业是学生成长的核心依托。在年复一年的人才培养实践中，老师们打造了基于人才需求和学科专业的课程体系，通过每一门课程的讲授和学习，导引着同学们沿着设定的成长路径一天天前行，课堂听讲、课下作业、实践练习等，每一个环节都在实现着成长的进程，在不断地学习锻炼中，同学们悄然地实现着日积月累的不断进步。知识的学习是一个内化的过程，只有真正地理解了，才能够在自己心中生根乃至发芽，即便是再好的老师，再好的学习条件，如果没有自己的勤奋努力，知识就不会被掌握，书本里字里行间所隐喻其中的知识，如果没有自己的阅读领悟，就不可能传递到你的脑海里，别人的知识不可能像计算机一样，瞬间拷贝到你的头脑中，至少现在的科技还不能做到。即使再简单的道理，没有经过本人的理解和领悟，它也不可能变为自己的所有。深钻细研地学习，与浅尝辄止、不求甚解的学习，其效果也是截然不同的，同是一个班的学生，由于学习的勤奋程度不同、付出的辛勤不同，其学习成绩也就有了差别，考试成绩面前，归咎于考场上的一时马虎、失误等客观原因，只不过是自我掩饰和解脱而已；其实际情况，更多的是学习过程中存在盲点，抑或是被似是而非的学会了的自我感觉所敷衍、蒙骗等等原因所致，考试成绩不高也就不足为怪了。这正所谓“平时少流汗，战时就可能多流血”。

善于拓展学习的领域，更有利于知识的掌握，课堂知识只是自己所学专业的很少的一部分，如果能够不断地延伸对所学知识的探究，无疑会更加丰富学习的内容，不仅要知其言，还要理解其所以言，学习的空间就会扩大，其过程也会增加很多学习的乐趣和挑战。由于范围的拓展，可能就会进入另外的专业领域，跨专业的知识也就会随之融通，自己专业的敏锐性和对其他专业知识的借鉴能力也就提高了，现实中，许多事情都很难靠一个专业来完成，平时对更多知识的学习和理解，也就多了对许多问题解决办法的选择，自我的成长也就寓于其中了。实际工作中，人们时常会遇到一些需要当即解决的问题，不容你再去查资料、请教别人，这时解决问题的职业性水平就看你日常的积淀如何了。当然，人类的知识是学不完的，但是对知识的理解可以举一反三，当我们抓住一点深深地探究下去，可能某种程度上就会由专业的学习，转变为更多的是对哲学价值的探寻。所以有许多学问家到了一定的认识高度时，他们的探讨可能是从专业的领域，更多地迈向了对方法论的研究，对哲学问题、人生价值的思考。社会的发展总离不开圣贤们的引导，青年学生学习圣贤在于滋润自我、成长自我。

人的成长需要诸多方面的学习和锻炼，大学的时间有限，如何使自己成长得更好，是成长内容的结构和效率问题，即你需要学习哪些知识，练就哪些能力，采用什么样的方法效果更好，等等。大学，没有了初等教育时期老师对学生那种事无巨细的要求和诸多的规定动作，换成了更多的自由选择空间，规定动作无疑是重要且需认真完成的，如完成学业的要求；但自由选择的时间如何实现成长的最优，也是每一个学生要认真对待和不断反思的重要问题。丰富多彩的校园文化活动，不仅是愉悦身心的项目，更是大学生成长的重要载体，诸如视野的扩展、实践的锻炼、组织管理水平的提高等能力的历练，都能够在活动中找到锻炼的环节，只是看我们能否从活动的简单参与跃升为自觉地磨砺。看似一般的一项活动，其机理的表现可能与从业后的实际项目极为相似，因为，任何活动的组织实施都一样地会凝聚着人的智慧，参与校园文化活动的真谛，在于理解镶嵌于其中的人才成长的内涵。许多传统的活动项目，随着我们认识水平的提高，其行动过程对自我成长的训练意义也就别有洞天，关键是我们能不能细细地品味于其中。

开放的社会，相对宽松的时间，面对来自现实和虚拟的各种诱惑，你的内定力如何呢？需要自我来经受考验。“要事第一”，即你最要紧的事是什么？应该成为我们每一个人心中的弦。如果能够将成长的渴望、对知识的探求，始终当作心中的主旋律，就会不断地激励着自己前行，无论依托的成长内容是什么，无论遇到了多少困难和不快，长此以往，一定会实现很好的积累和思考的体验。学习锻炼，不是人云亦云的事情，而是要结合自我的成长，将成长的共性凝结于成长的个性之中，因为，我们的社会永远是五彩缤纷的，太需要每一个人智慧的创造性迸发；对自我的理解只有自己最清楚，因为别人是靠对你的观察，而自我是靠自己的体验，外部的条件只是成长的环境，而真正的成长更在于自我的努力。

大学岁月貌似漫长，但当毕业时，却感觉只是昨日的瞬间，请同学们记住，人生中最弥足珍贵的大学时光，因碌碌无为而错失，将会是永远的憾。

依科技活动　练实战能力

应用型人才很重要的特征就是实战能力，实战能力表现为多个方面，诸如工作能力、生活能力、思考能力等等。作为一个专业人才，解决自己专业技术领域的实际问题，是最需要练就的核心竞争力。提升实战能力，理论知识的学习是基础，书本是知识的重要来源。但书本知识大都是编写优美的套路，表达了某一方面知识，因为，这样有利于对知识的系统学习、理解和掌握，无疑，扎实的理论功底对专业技术人才是至关重要的。学习很重要的意图是为了应用，运用知识到实践活动中去，才是推动社会进步的原动力。现实中，我们会遇到各种各样的问题，一个问题往往不局限于某一学科或专业的知识，可能是诸多方面知识的综合，有些问题可能是在实践中经常出现的，经过总结、归纳可以形成解决的套路，通过反复训练能够提高解决此类问题的技能；有些实际问题可能是随机性的，或是前瞻性的，解决此类问题可能没有经验可以借鉴，更多的是需要创造性思维来实现；有些问题需要瞬间解决，刻不容缓，考验的是人们的职业素养和应变能力等等，其实，这都是实战能力的具体表现。

提升大学生实战能力的方式、方法、渠道有很多，科技活动就是一个很好的载体，我们可以将大学生的科技活动打造成实战能力的训练场，在解决实际问题的过程中真实训练。如何实现?

一、科技活动的选题要来源于实际

在实践中观察并选择科技活动的题目，进行系列的研究、创新，使其成果化，并强化在实践当中的应用，这既是对大学生实战能力的真实训练，更重要的是可能会产生经济价值，间接认可大学生的科技活动，增加活动的情趣和激励学生成长。选题既是个体活动，更应该是以集体的智慧不断碰撞的过程，同学间围绕着某一些专题进行经常的交流、研讨、师生的互动等等活动，都很有助于拓展学生的思想领域，培养其发现问题的敏锐度和观察事物的习惯。观察和发现问题也是实战能力，需要不断地锻炼和积累，尤其是问题的概念能力是科技活动的起点。有些科技活动的选题也可能是我们学生创新发明的灵光一闪，可能在现实中没有发现应用的地方，但是今后有可能得到实用。当然我们也更希望，有哪一个学生能产生颠覆性的创新成果，像乔布斯一样改变了世界，但那毕竟是凤毛麟角，更多的是要在大学生科技活动中，逐步地提高自己的实战能力。

二、科研项目的实施与活动的组织都是实战能力锻炼的过程

选题确定之后，可以找到多个技术实现路线，而要选定实施的方案，就会涉及若干因素，包括技术是否能够实现，经费是否满足，加工能力、实验条件是否具备等诸方面，抉择是诸多因素的比较过程。具体科研项目的构思巧妙、运用先进技术，是专业人才的向往，也正因为如此推动着人们对高新技术的不断追求，蜂拥着科技创新的日新月异；但任何项目的资源都是稀缺的，在有限条件下的技术方案最优，是科技活动的常态，有时再好的技术方案，也要让位于经济的考虑。实现目标的条件、科研项目的组织方式等是科技活动的重要基础，强劲的组织力是活动内驱力的关键。大学生的专业技术知识大都经过了课堂、实验室等严格的训练，而组

织能力的训练还处在自发的阶段，是人才培养方式设计的不足，更需要依托于活动得到训练提高。现实中，创新的窘迫是经常发生的，不要奢望优越的条件会从天而降，更不要怨天尤人，技术因素、组织因素都是提高实战能力的应有之义，我们的事业要靠大家的努力来助推，实战能力的真谛是内化为实践者不畏艰难、创造性解决问题的精神。

三、大学生科技活动要有教师的指导和帮助

大学生正处在成长期，许多概念的构思能力由于教师的指导，会加快其不断地提高。如果能将老师的科研工作与学生的科技活动融为一体，将是更好的路径，教师的科研题目吸收学生共同参与，师生的交流碰撞也许令人耳目一新，从学生的纯真想法当中，可以发现一些朴素的创新触点，对老师可能产生灵感的启示，更应该看到对于一些题目可以一届一届的学生传接下去，就一个题目进行反复的思考，时间久了，众人的智慧就有可能使一些科研项目百炼成钢，集成出优秀成果，无疑也就会壮大大学生科技活动的内容。大学生的科技活动成果也可以转化为指导教师的科研项目，既可以是大学生科技活动参赛的项目，也可以变化个角度成为指导教师科研的题目，师生科研活动的融合，互为成果，师生共享，

其潜力是无限的。当然，教师参与科技活动，另一个重要的有利条件是可以提供许多科研仪器供学生使用，我们的实验室对学生开放应该成为人才培养的重要内容，对此需要突破一些制度性的障碍，建立长效的保障机制。

四、创造浓郁的氛围使科技活动蔚然成风尚

大学生科技活动是人才培养的重要内容，要明确功能定位和实现方式，在人才培养的设计上明细内容构成，逐步由课余自发活动，提升为程序性动作，使大学生科技活动不可或缺，将实战能力的训练物化在具体的活动中，使其成为校园文化的品牌。我们应该不断地提升组织的保障能力，包括校院系班等各个层面的组织保障，加快组织方式、活动方法和激励机制的创新，不断壮大活动规模和提高成果水平；要广开渠道拓展经费来源，充分利用学校的有利条件，强调投入产出的评价，将人才效益与经济效益有机结合在大学生科技活动之中，形成浓郁的科技活动氛围，用诱人的创新环境，激发创新的热情，促其茁壮成长。为此，需要创新我们的组织力。

应用型人才国际化视野精致化培养的内涵

我校人才培养方式改革，正在依托于“调研—规划—实施—反馈”改革实践的循环，并以国际工程教育认证、卓越工程师等举措向纵深推进，其内涵发展越来越聚焦为“应用型人才国际化视野精致化培养”，如何理解其含义？试释如下。

一、应用型人才

应用型人才概念宽泛，人才都是为了应用的，没有了应用也就谈不上人才。从全社会看，一个学校的人才培养能力有限，我校人才培养侧重于工程应用型，要在实践性、适应性、创新性等方面强化人才的训练。

实践性的表现首先是会干，对自己专业的工作对象在机理上有较清晰的认识，熟悉所使用的工具，能够实现工作目标。比如架桥、铺路是土木工程专业的工作对象，从业者对架桥铺路的基本结构、材料的使用应该有清晰的认识；对完成架桥铺路使用的工具，无论是钻探机、挖掘机还是摊铺机等功能要清楚，要掌握先进性工具的走向，并且能在实践中发现工具的不足，这些对一线的工程师或管理人员是至关重要的。当然，这些工具都会用，对一个人来说也很困难，但知道其用途则很有利于工作的调度和安排。其次是会想，会想就是对一个实践的问题，在动手之前就谋划好实现的路径、方式，要有工作的方案。“凡事预则立，不预则废”，如果能通过计算机模拟其过程，那就会更有利于会干；会想就有了对事物的深入认识，能够分析实践中问题产生的原因，就有利于寻求解决问题的方法。也正是由于举手投足之中会干、会想表现出来受过了专门的训练，体现了人才的专业性。第三是入身，就是将实践的能力变为自身素质。对解决问题的实践、思考的不断积累，就是将实践能力变为自身素质的过程。人生中，会遇到各种各样的问题，专业领域所能涉及的，只是人生经历的一部分，你还要在社会交往、家庭关系等方方面面遇到需要解决的问题。对于这些问题的解决，不同的人有不同的解决方式，但实践能力强的人，更有可能取得好的结果。如果遇事只会一味地沮丧、懊恼、指责，而不去解决问题，或依赖于别人帮助解决问题，或许也是一种生活的方式；如果能够自主或主要参与解决问题，那又是一种生活的方式。工程技术人员很重要的是，要使实践能力由具体事件的动手、思考变成为自身的素养。而这些从哪里来呢？可能也只有从勇于实践、不断训练和总结提升中才能实现。

适应性，应该包括工作的适应、人际关系的适应、环境的适应。人生中，工作占据着重要的地位，也成就了大多数人的价值。工作的适应性就是营造一种状态，在其中更好地实现自身的价值，并不断地提升自我；而营造这种状态就需要训练适应能力，要学会认识工作，努力在工作中寻找发挥自己特长的切入点，并不断地提升自己的思考和实践能力。人际关系的适应，就是营造生活的状态，既有围绕着工作的人际关系，也有其他的人际关系，包括家庭亲人等。和谐使人心情舒畅，别扭使人心情不快，与人和睦相处、学会化解矛盾，其中的沟通交流、做人处事等等是需要刻苦训练的人生技巧，现实中由于有了很好的沟通交流，提升了信息扩展的速度，协同创新能力也会得到提高。

对环境的适应也是奇妙无穷，我们身处的环境，要素万千，变化万端，对环境的理解也迥然不同，人的位置变化了，环境也会随之变化；时间节点变化了，环境也可能随之变化；人的心境变化了，对环境的理解也可能发生变化。适应环境很重要的是适应变化，并在变化中找准自己的位置。“物竞天择，适者生存”是自然法则，何为适？应该是适应客观事物的规律。认识事物的深度、角度可能不同，处事方式、技法等不必相同，但事物的发展规律却是客观的实在，探究事物的规律是适应的基础。适应能力重要的在于“心”，无论是坚持、调整还是逃离，都是自我适应的不同方式，关键是培养自我选择的能力。

创新是时代最鲜活的特征，每一个人身上都存在着创新的基因，高等教育的责任更重要地是将其本来就拥有的朴素创新精神发扬光大。创新是什么？我认为也就是资源的配置结构发生了变化。米饭和粥，二者仅是水与米的配比不同而已；面加了酵母就可能做成馒头，擀成皮包入馅就可以成为水饺，在面的基础上添加了不同的元素，就形成了不同的食物。道路建设中遇壑填平仍然是路，架起就成为了桥，地下穿过就是隧道，都是为了完成通行的基础作用，实现的方法不同，就实现了创新；教育也是如此，基于我会而教就是供给式的方式，基于需求而教就是需求导向的方式，立基不同就有了人才培养方式的改革。创新的关键是发现创新点，分析其原因构成，提出解决的方案，并实现创新的结果。培养出青年学生的创新精神是民族的希望。

二、国际化视野

中国经济已经走向了世界，且正在不断地发展壮大，迫切需要资源配置的国际化形态，在诸多的国际化要素中，至关重要的是人的国际化。交通事业国际化应该走在经济发展的前列，因为经济的发展加速了人与物的流动，而物流离不开交通。交通人的国际化是交通事业国际化的根本生态要素，已成刻不容缓之势。我们学校如何实现国际化？第一，一些专业必须按照国际化的标准办学，如航空、航海等专业，因为这些学生将要从业的标准都是国际统一的，所以，在教育过程当中，没有必要将国际标准汉化，从业之后学生再由汉化返回国际标准，这样可能不利于人才培养。原汁原味地按照国际标准进行教育，对我们来说虽是挑战，但也是捷径，积极地迎战有益于学生成才，不要为了“教”而另辟蹊径，更重要的是为了更好地“用”。第二，积极地引进国际元素，包括引进项目、引进师资，我们要时常了解本专业人才培养的国际进程，因为，高等教育要使人才培养国际化，非常需要教育方式、思维方式的国际化交流和相互借鉴，关键是教育者的国际化，我们应该加强教师的国际化进程，选拔和培养一大批可以实现国际化教育的优秀师资，支撑学校国际化的发展进程。我们要不断地拓展派出和引进留学生的规模，使国际化教育成为促成我校快速提升水平的成长点。我们要搭建更多的国际化平台，包括友好合作、合作办学等等，来拓展国际化空间。

三、精致化

精致化既是理念，更应该是行动，并由行动变为规范，积淀成为文化。应该从哪些方面入手呢?

第一，脚踏实地。精致化是干出来的，基础是脚踏实地，因为事业都是由若干事件所组成的，每一个事件又会分解成若干工作环节，或是由若干人的工作集成，或是一个人不同时段的工作组成。整体的精致化离不开每个个体的精致化，每一个工作环节，每一个工作点都达到了精致化，才能实现整个事件的精致化。脚踏实地忌讳的是，说与做的不符，将问题说得头头是道，对远景设想得很美好，而这些设想是今天的，也是昨天的，可能也是明天的，从未付诸行动。说与做不符，没有了行动精致化也就没有了依托。现实生活中经常会遇到，侃侃而谈的会议占据了大片的时空，会议套着会议，重视接着重视，而恰恰是在具体的实施上没了下文，可能是貌似惊天动地的伟大设想，却在行动上疏于操作的落地，套装着炫丽描绘的宏愿，经不起少许的风吹雨淋和时间的浸泡，也终归是空悲切。没有了脚踏实地，可能是星点的事情，被层层的不求深究肆意放大，成为了貌似了不起的事情，很多严重的问题，也往往是始于细微的疏漏而酿成祸端。

第二，精致化在于发现问题。没有发现问题，就不会有解决问题。当我们以精致化的要求对待工作的时候，就会发现工作中有许多不足，如果发现了这些不足，我们又付诸脚踏实地的工作，就会不断地解决问题。发现问题既有我们随机的发现，更重要的是岗位职责清晰、要求明了，继而实实在在地解决之。由于点点滴滴的绩效积累，我们的事业就会不断地壮大。发现问题是精致化的又一个重要基础，我们应该刻意培养学生发现问题的意识。

第三，精致化在于精益求精。精致化永远是在进程中，没有止境。人类发现知识、学习知识、运用知识都是在不断进步的，人的思想也是在不断变化的，都会对精致化提供新的发展空间，精益求精使得精致化不断进步。当我们敞开心扉浮想联翩的时候，可能在某一个看似并不起眼的想象空间中，会发现一个创新的可能，如果能够以精致化的态度对待每一个想象的创新敏感点，那么，我们可能就会将想象变为实际行动，许多创新也是从灵光一闪而被精确地捕捉。我们依托的工作平台和工作内容，许多都是年复一年地再现，当我们以精益求精的态度对待之，就会发现有许多地方可以不断地调整和改进，当我们用询问去过筛存在的时候，就会发现有许多的东西已经时过境迁。如果精致化成为我们的文化，成为我们的思维方式，对我们事业就会产生巨大的聚集效应，就会在不断地由小到大、由少到多的聚合过程中成就我们自己。

人才培养方式改革的内涵是需要不断地成长的，成长的源泉在于执着的思考、行动和集体智慧的滋养。

我们可否有个约定
——向精致进发

随着我国经济的发展和社会的进步，到如今已经不乏创新的想法，不乏轰轰烈烈的实干，不乏日新月异的变化，但在这伟大的进程之中，我们或许经常看到或感受到，由于粗糙、模糊等粗放的运作方式，使许多很好的资源没能发挥出应有的效益；由于在过程的诸环节中缺乏精致的工作态度和实现的手段，许多本应该极具竞争力的产品和服务，只成为二流或三流品质的产品和服务。如：现实生活中我们经常看到和使用的设备设施，其设计原理、设计方案也不乏陈善之举，但由于在原材料的选取、生产加工、运输、服务等过程中有了瑕疵，就产品的整体而论，质量受到了质疑，产品被评价为“一般”；我们经常会感受到有一些很有价值的旅游景点，由于掺杂着劣质服务或欺骗行为，而大大损伤了游客的心理认同感，乘兴而来扫兴而走，没处说理只能逢人就传可恶，好端端的一个景点，被一些行为不妥造成了坏印象，大相径庭了主办者的本意。实际上，许多事许多时也就是一个“精致”了得。

在高等教育当中，缺乏精致的态度和行为所表现出的不如意之处也大为存在。如：由于对学校、专业的介绍不一致，有些人对学校产生了误解；在学生报到的时候，由于工作的流程速度受到了个别环节不当所制约，家长、学生对学校的第一印象打了折扣；由于基础设施建设的调研论证不够，造成了使用中的浪费；由于政策或程序不当，设置了过多的签字而不审核的程序，滞缓了工作效率，浪费了人力资源；由于教学内容和方式的落后，许多难得的学习时间白白流失。即使有了好的政策，由于在执行中缺乏精致，也一样会使效果出现偏差。本来处于适逢读书进步的青年时代，有些同学却由于自己的态度缺乏精致、要求不严，而使时光虚度。不精致已经在一定程度上阻碍了我们民族迈向新的进步，如果我们全民族都能唤起精致意识，用精致的态度、方法对待工作、学习和生活，就是在实施经济结构调整和增长方式转变的重大举措。我们知道有许多的产品和服务，只要我们过程精致了，质量就提升了，档次就提高了，也就是结构调整了。

民族经济的竞争力从精致运作的途径破题，在现有基础上就能获得重大的进步，更何况，精致会改变一个民族的创新思维和创新能力。

我们的学院可否从精致破题，提升学院的核心竞争力？组织的价值是由各个方面、各个环节的价值构成的，这就是价值链，任何一项活动脱离了组织的总体价值目标，这个活动的存在对组织就没有意义了，也就不是组织所要支持的了。打造学校精致的人才培养能力，不只是教学部门和学生管理部门的事情，而是学校各个方面精致工作的集成。

工作精致首先来自初始意向的凝练，无论何事都有初始的动意，由初始的动意形成具体的实施方案，是一个主题凝练的过程，也是工作由虚变实的谋划过程。现实生活中，许多的创意来源于人们的遐想，人类社会也正是由于无限想象的存在，才使得生活更加美好和进步不断，彩云满天可以形成灿烂无限，但由云为雨却需要聚集而成。现实亦是这样，许多的想象使得我们精神充实，人生中更多的想象只是过眼烟云，但想法变为现实却是一个不断集成的过程。精致的方案可以使实现的过程避免过多的不确定性，而方案粗糙就可能在过程中出现麻烦不断，任务不明、职责不清、要求不到等现象，就会造成执行过程中的随机性行为。当然，如果方案只是想象的结果，在实施的过程中会有许多的变数，变更是难免的，但是，临时的、现场的变更、调度过多，工作就会显得杂乱无章，其效果也就可想而知了。凡事预则立，不预则废也就是这个道理。

精致是贯穿于工作过程始终的，不是一时的一招一式的精致，而是持续的一招一式的精致，并在工作过程中不断地升华提高。再好的工作方案如果没有实际操作过程的精致，就不可能达到结果的精致，更何况任何方案也不会囊括所有的实践环节，这就需要活动参与者精心对待细节问题，在基本要求的基础上，进一步延伸精致的水平。如对学生的培养工作，是四年教与学的成效汇集，如果仅就一门课或几门课体现精致，或某一段时间精致，则难以达到持续的精致。教与学本可以营造为非常有情趣的事情，当教师把教育学生成才看成是自己在精心雕琢艺术品之时，当学生将跟随老师成才看成是探讨穿越世间美丽丛林之时，教与学就可能成为师生协同探秘的旅程。只要我们精致地走过大学生活，就可能发现和创造出了不起的事情，精致之妙可能会乐趣终生。

组织的精致也体现在工作各环节之间衔接的精致。现代组织管理，分工是重大进步，正是由于分工才使得工作的专业化程度提高，也正是由于分工使得协调成为日常的工作方式，部门与部门之间、人与人之间的协调沟通成为人们须臾也离不开的事情。现实中，由于沟通不够令我们不如意的事件比比皆是，本应该将工作各环节的衔接交代清楚，就是重复的交代也比自以为对方已经明白，而不去仔细交代更有利，此类感受我们颇多。培养学生成长本是我们共同的目标，但由于课堂、课余沟通不够，出现了管理的漏洞，使得本应该防微杜渐的教育时机错失了，当事情成了大问题再去处理，也就事倍功半了；生活中，本是一般的意见分歧，却由于沟通不够，演变成了不该有的矛盾。由于交流沟通不够，使我们的工作生活中，增加了不知道多少不和谐的因素。对学校的评价更多的是针对整体的效果，组织的精致更重要的也是整体的精致，不能固守着自我的世界对待整体的工作，因为整体是由许许多多个体所组成，沟通应该成为精致工作的连接线，以工作诸多方面的精致打造整体的精致培养能力。

精致是工作的态度和要求，需要大家不断地提高自觉性，如果我们能够将精致意识升华为潜意识，举手投足间处处表现出精致，那么，精致就成为了文化而渗透到师生员工的血液中，精致的风尚就会成为我们的竞争力。

发表于 2012 年 11 月 27 日《山东交通学院报》（总第 507 期）第一、二版。

打造精致的人才培养能力需要思维方式的转变

人类社会始终充满着各类矛盾。有一些矛盾是可以通过技术性手段解决的，如汽车驾驶，通过学习解决了会与不会的问题，通过训练解决了熟练与不熟练的问题；如教师讲课，可以通过不断地备课、练习、上课逐步提高效果。也有一些矛盾则难以通过技术手段的演进来解决，需要换一个思路或换一种方式；如社会背景发生了变化，可能原来的产品和服务就落伍了，靠传统技术的进步就难以为继了，转变思维方式开发新的产品和服务就成为必要。按照传统思路推进技术性问题的解决，和换一种思路采取新的路径解决问题，都是解决矛盾的方式。前者是技术的演进和延续性创新，而后者则更多的是颠覆性创新，我们应该关注两种不同的方式，抑或关注更多解决问题的方式，从思维方式的不断变换中寻找最佳。但现实生活中人们更多地关注技术性手段，往往忽视了思维方式的变革。当下，我校人才培养模式是继续沿用我们实施了多年的方式？还是基于人才需求和人才成长凝练新的培养路径？这应该引起我们的深思，我认为起码要有些转变。

一、应用型人才的培养特点要求我们的培养能力要与之适应

应用型人才素质很重要的表现就是实战能力，至少包括实践和创新的意识与能力。教育者自身如果没有与专业相关的实践训练，就不能很好地找到实践的感觉，也就不能掌握与之相关的实践技能，用课本知识教授实战能力显然是纸上谈兵，远不如用理论知识明理，在实践中学会运用更有价值；教育者如果没有科研活动的历练，就很难养成创新的意识，也就很难找到创新点，就是发现了创新点也可能由于创新行动能力的局限，使得创新的成果大打折扣，没有创新的行为感受，仅以别人的创新经验培养自己学生的创新能力，可能是差之分毫谬之千里，甚至是误导或抑制学生创新的情趣。就像没有当过运动员的教练员，缺少了临场经验的积淀，竞赛场上的指导也就往往不合时宜，或只有靠队员的自由发挥

了。因此，教育者的实践锻炼和解决实际问题的能力、参加科研活动和形成成果的能力，不是可有可无的事情，而是合格教育者的必需，是基本功。实践和研究本来就是相辅相成的事情，在实践中可以发现研究的兴奋点，研究也不可能脱离实践活动。人类社会实践和科研活动领域宽泛，结合所从事学科专业的实践和科研活动是优势所在，而且也与组织目标相符合，因为组织的发展来源于各个部门和每一个人的发展集成。教学研究是重要的科研活动，与我们的日常人才培养工作联系更加密切，各个环节都有许多需要研究开发的内容，关键是我们能不能把日常的发现、感受、学习转化为工作的应用和成果，并不断地推进着人才培养的精致化。高等学校的教育者，如果没有坚持经常的实践锻炼、科技活动、教研活动，个人和组织的成长就要受到严峻的挑战。

二、各门课程知识体系应从属于专业培养体系

对学生的培养是众多教育者劳动的集成和学生自身努力的结合，围绕着学生四年的大学学习，形成了基础课、专业基础课、专业课、实验、实习、设计、论文，课堂、课外等许多的学习内容和汇集了许多时段的培养、学习活动。教学过程中，各门课程都在努力地自成知识体系，许多知识体系

交叉地叠加于学生的学习之上，其知识对专业能力培养的贡献如何，却鲜为人们思考和评价。

长此以往形成了以各门课的课时构成的课程安排结构，多少年都很少变动，每一门课程的任课老师在自己的领域里辛勤地耕耘着，渐渐地一些课程近乎一致地对待一个年级、几个专业等众多的学生，显然就失去了对某一专业的学生传授知识的特殊性，至于每门课程对学生的成长贡献度有多大，也就难以评述，也没有判断的依据和标准，更鲜有人问过是否合理、合适。学习时间是有限的，如果每一门课都过于强调自身知识体系，可能就难以形成本专业的培养体系，也就难以形成学生专业的竞争优势，也就不利于学生的就业谋生和从业发展的竞争力。是否可以围绕专业能力成长维度，形成该专业的知识体系，进而研究学生成长的培养内容，设置课程体系，形成各门课的知识内容和各个时段的培养方式。而不是为了体现各门知识而分配课时，更不是为了教师的工作量而设置课程课时，否则就本末倒置了。每一个专业学生的成长维度是凝练的过程，需要综合各类信息，优化配置社会人才需求、学生成长潜力、学校培养优势等等的资源，其本身就是教学研究的重要内容，尤其是人才需求的变化，更需要长期的、动态的观察和探索。教育者应该依托于专业的培养维度，精心研究知识内容和能力训练的构成，锤炼人才培养各环节的精致化。如果我们能够清晰学生成长的路径构筑，而不是动则以大纲，或以多少年都是这样的教法为由避谈改革之迫切性，那么，我们就应该积极地变革我们的思维方式，提高我们的精致培养能力，以实现适应性的应对。

三、提高人才培训的成效需要由个体教学成长为团队的培养

任何一个专业班级的教学，都是由许多老师的教学和若干个教学环节所组成的，课程的结构和内容可以提前设置，但每一堂的教学、每一个环节的培养，都会有许多特殊情况发生，尤其是学生的思想变化、学习进程等等的情况，需要教育者之间经常的沟通，以提高教育的针对性。任课老师与任课老师之间、与辅导员之间互不往来的境况应该结束了。面对共同班级的教学和管理，就应该建立一个沟通机制，动态地交流、探讨、研究我们对所教育学生的群体或个人，从不同的角度观察、理解和采取教育方式，交流在各个教育环节中发现的新情况，以实现信息的共享。现在信息化沟通的手段很多，重要的是变革思维方式，从而实现组织方式和交流方式的变革。我们已经进入了依靠集体智慧推进社会发展

的时代，团队的互补性，可以提升解决问题的速度和深度，更可以形成促进组织成长和每一个人成长的氛围。无论任课老师来源如何，应该依托所教授的班级，建立起针对于该班级的教学团队，有可能由于任课于不同的专业班级，一名老师参与了不同的团队，人虽为同一个人，但对于不同的团队所担当的角色可以不同；就像是一个演员在不同的剧本中，剧情不一样、角色不一样，演法也不能一样。在学生的成长过程中，教学团队的构成和协作非常重要，有效的教学团队成长机制应该成为提升人才培养精致化的重要举措。

四、提升学生的成长力要求师生不能离得太远

教与学是互动的过程，转化为学的教才是有效的。教师上完课即离开学生，没有了与学生的交流，一个学期结束教师不认识学生，也不是新鲜事。离得远是空间上的距离，可更重要的是思想上的距离。不能当面交流，又不能利用信息手段交流，就难以了解自己的学生，不了解培养对象的学习基础、思想状况，也就难以有的放矢。自我感觉良好的教学，总归不如教者、学者都感觉良好的效果，而精致的培养更在于个性化的培养水平。拉近与学生的距离或主动向老师请教，走进学生的心里或向老师倾诉衷肠，本来是师生天然之事，

可曾几何时师生变得心里很远、互不了解，此非长久之计。如果将师生之情浓郁为师徒之意，就不是一个“教”字所能涵盖的。师生情本是人世间美好的感情，其时间的醇香往往在心底永驻。每当感受到学生有了进步，我们都会由衷的高兴，每当听到校友取得了成绩，我们都会为之自豪，因为在其成长的历程上，有老师培养的心血。在每一个学生心里，都会有自己尊重的老师，无论是在小学、中学还是大学，其音容笑貌往往是终生难忘，老师在关键时刻的一席话，可能成为了改变学生人生的转折点。师生本是人生征程上的携手攀登者，知识由前人传递于我，又由我传递给你，只是增加了我的理解和删减了许多我认为不重要的知识，正是师生的共同努力，一代代传承着人类社会的文明，推动着人类社会的进步。师生情缘难得而无私，应该用心去浇灌。

打造精致的人才培养能力应该成为我们的核心竞争力，而基于现状，则更需要我们改变思维方式。

发表于 2012 年 11 月 7 日《山东交通学院报》（总第 505 期）第一、二版。

打造精致的人才培养能力
从转变工作作风入手

我们正在实施的人才培养方式改革，是一个系统工程，需要全员、全过程参与，要落实到各个部门、各个环节的工作之中，要体现在同学们学习成效的提升上，因为人才培养是我们的本质，离开此学校也就没有了存在的基础。人才培养方式的改革，具体体现为对人才培养目标、培养内容、培养过程等方面的改变，而深层次的是迫切需要变革我们的思想方法、思维方式和行为方法，其目的是使人才培养质量快速提升。该如何做？是更多地强调条条本本、固守已经熟悉的培养体系，还是站在时代进步的前列看人才培养目标、内容、过程的改进？思想依据不同，其行动的起点、效果也一定不同。

对人才培养质量问题探讨已久，对人才培养方式改革议论者也甚众，高谈者也不乏，如果我们仅限于做一个评论者，那另当别论；如果要破解人才培养方式改革的难题，那就应该身体力行，不畏曲折艰难，将改革变为一个创新思想和勇于实践的过程。我们已经提出了打造精致的人才培养能力的理念，只要我们不懈地坚持精致化的要求，精致化将会成长为学校人才培养过程的特色。可否藉此人才培养方式改革之机，将精致化植入工作作风转变之中？

精致化是提高工作质量的手段，其基础是务实的精神和行为方式，离开了实实在在的工作依托，精致化就不可能实现。以人才培养方式改革带动工作作风的精致化转变，思维方式的转变是先导，至少要体现在下列三个方面：第一，对人才培养目标的凝练。深刻理解社会对人才的需求和学生成长的需求是目标凝练的切入点。社会对人才的需求种类很多，有需求但组织能力不及，非要牵强为之不是上策；而仅考虑组织优势而不顾及市场需求，显然也是茫然；目标的凝练更在于将客观需求与组织能力有机地结合起来，并不断地提升组织能力，以期渐进地提升目标水平。不能从本本出发，动则据以大纲要求、上级文件、原来作法等漠然处之，对上级精神一定要全面、真实并结合发展趋势进行把握，而不是单一孤立的理解。提高人才培养质量是事关我国经济结构调整和增长方式转变的大计，也是打造我校核心竞争力的必需，不能以条条框框阻碍和遮掩了我们对发展趋势的认识。第二，思维方式的转变，在于对工作的细致谋划，在于藉集体的智慧展开想象的翅膀，容聚众说纷纭的想法，形成脉络清晰的人才培养方式改革方案。细致入微更便于纵深推进改革，大而化之的笼统号召，只能使改革无从下手。第三，思维方式的转变，在于明确角色职责。每个岗位有责任，人人身上有任务，而不是有人干、有人看，评头论足者反而自以为是。思维方式转变看起来像虚的，实际上能够做实方显出真功夫。

思想是成就事业的前提，而工作的成效是要落到具体行动之上的。工作作风的精致化转变，要靠真抓实干，至少应该体现在：第一，对具体工作的决策必须实在、可描述。即对决策的目标可描述、决策的内容可描述、决策的行动方式可描述、决策的评价可描述。第二，对决策的执行、实现过程要可控。现实中我们的很多决策，在执行过程中往往被层层衰减了，执行力沦落为会传会、人传人的内容传递，概念传概念、意义传意义，而没有落到具体的实际行动上，执行在斗转星移中淡化，直至无声无息、销声匿迹，诸多在决策过程中耗费的心血，也就随着人们间概念的传递而淡漠走样，随着行动的乏力而衰亡。第三，对工作成果要有认定，包括组织的认定、自我的认定、他人的认定。组织的认定可能更多是阶段性的，但自我的认定却可以时时发生，如果我们都能够认真地对待岗位要求，将工作的成效体现在自我认定的心理感受上，自我成长的内驱力就会增强；如果我们处处健康地看待别人的成绩，不断地反思自我，就会营造良性竞争的发展态势，可能就会引导形成新的学校文化。

工作作风的精致化转变，在于对事物的认识和行动的纠偏上。任何决策都有其反面性，任何行动都有其代价，但并不等于说可以漠视错误或不当。一个组织、一个人都是在不断地与错误斗争中成长起来的，其成熟程度如何，在于淘汰错误的速度和力度，而不是畏惧他人对错误的指责和评价；另一方面，对已经出现的错误和曲折，我们更要有宽容的心态。对失误的包容是组织创新的重要基础条件，因为新的思维方式、行为方式开始时往往是不完善的，然而，组织的创新发展常常就是蕴含在那些奇思妙想的心灵一闪之中。创新是一个从无到有的过程，如果从起始就把它泯灭了，也就没有创新形成、成长和壮大的过程了，要知道创新永远是组织和个人进步的灵魂。工作作风的精致化转变，更在于管理者要不断地培养自己从细微趋势变化的苗头之中，发现能成长为创新行动的敏锐感。因为组织的优势更多地是靠集体智慧展现的，如果集体的智慧不断地激发出创造力，那么组织的活力就会不断地增强，基于创新发展的激情就会不断地迸发，人的潜力往往是蕴藏在激情之中的，激情的迸发相伴着人的兴奋和幸福感。而基于条条框框的循规蹈矩的思维和行动，往往使人们工作的思路陷于你我他的关系协调中，人为地设置了许多禁区，各自为政，不能越雷池一步，时间久了，维持已经形成的格式，甚至是陈规陋习胜过了事业的发展，带来的是组织的窒息。

快速提升人才培养质量是高等教育亟待解决的难题，人才培养方式改革是破题之旅，我们应集交院人的智慧攻坚破难，并藉此过程实现我们工作作风的精致化转变。

发表于 2013 年 6 月 17 日《山东交通学院报》（总第 522 期）第一版。

再论精致的培养能力

我校路海空轨综合交通人才培养的专业格局已经形成，加速学校成长的物质依托更加充实，藉此我们应该尽快营造竞相发展的态势，并将精致的人才培养能力打造成成长力的鲜明特点。

为什么要在我校的成长力中强调精致化的特点，源于我国经济发展和社会进步的现状，以及交通事业的特殊背景。建立经济、政治、社会、文化、生态“五位一体”的发展构架，是我党指导思想上的重大变化。重要的是要改变人们一些既定的思维模式和工作方式。以文化为例，文化不仅是提供娱乐人们精神的物质基础，也不仅是要形成文化的产业，这些都很重要，但我认为更重要的是，在于体现在人的成长力、人自身的文化素养，其重要的方式就是学习能力的提升。实际上，我们社会的各个形态无不体现着文化，我们的经济发展实际上也需要文化在一个民族身上的提升，来不断地支撑着经济的发展。社会的进步也是如此。但学习有很多的方面，延续着我们熟悉的文化进行学习，可以对我们熟悉的东西进一步地提炼，进一步地加深理解，这是很重要的成长历程。但许多我们不熟悉的文化，我们不能放弃关注和学习，对不熟悉文化的学习是思想疆界的拓展，是我们思维方式的基础。许多不熟悉的文化，我们熟悉了，很可能带来我们思维方式的转变，带来事业新的转机和拓展。我想，文化很重要的突破性，在于学习疆界的拓展。生态文明很重要的是文化的变迁，文化的进步。为什么叫生态文明呢？我认为是针对我国经济这些年发展当中造成对生态环境的破坏才提出的。生态文明有很多体现，但节约和环境优化，我认为是基础。节约是不是也是一种文化的变迁呢？从我们身边说起，比如我们的吃饭，食堂、餐馆、大饭店，每天有多少浪费，这是不是对资源的损耗。环境优化，是不是也在我们身边比比皆是、不尽人意呀。本来，就是垃圾进垃圾箱，但是由于随意扔放，使得我们的教室纸屑堆积，那是不是一种文化呢？当然这其中有我们工作中没有及时地清理的原因。细细想起来，都可以用“精致”来改进。以餐馆饭菜为例，点菜，一份菜是饭馆加工工艺早已预定的，不管是一个人吃还是十个人吃，都是那些料。而如果精致一下，看人制作量，那是不是会减少诸多的浪费。看得见的如此，而看不见的浪费将是更可怕。我们学校日常的运行之中，有多少人为了报销，而找若干的领导、管理者签字，一遍一遍地找，不行再返工，再来一遍，许多的精力和时间在无休止的大面积的浪费，是不是我们管理方式的不精致所为呀。实际上，精致会带来一个人、一个组织、一个民族的变化。我们学校应该从“精致”破题，培养出学校的竞争优势。当我们的学生出了校门，在任何工作岗位上都是以精致的工作、严谨的思维方式而著称的时候，我们的竞争力不就形成了吗？现实当中，我们会看到，许多的社会管理方式是粗犷的，不尽如人意的，甚至存在着不人性的管理方式，许多都是司空见惯，见怪不怪的。经济活动过程中，不集约的现象就更多了，由于在经济的价值链过程中的不精致而造成的浪费、失误、层次不高的产品，比比皆是。转方式调结构，从精致的理念和实施方式切入，将会是重要的依托。

一个组织的竞争力来源于哪里呢？来源于竞争的比较优势，当我们以精致的观点来分析竞争格局的构成时，就会知道别人的优势在哪里，我们就可以知道从哪里寻找突破，发现我们的成长力所在。我们的学校已经形成了综合交通人才的培养格局，这是其他学校所不具备的。如果我们潜心培育壮大自我，就会簇拥起我们的竞争力，但这个竞争力真正的形成，需要打造出比较优势，需要落实在每个专业的竞争优势上，需要落实在我们工作的每个环节中。从精致入手，我们会发现我校结构性的不足。当我们泛泛地议论一些工作理念的时候，大家都曾不乏热情澎湃，但是理念的落地是不是有许多没有实现？虚无缥缈地在人云亦云的反复议论中，不能形成工作绩效。从虚无缥缈地议论到工作思路的形成，需要精致地分析和探讨许多支撑性的内容。从一个思路的形成到工作中的实施，需要“精致”的落地和不断地对工作进行调整。由于精致，我们可以减少一些摇摆；由于精致，我们可以对一些不确定及时地解决。现实当中，有许多工作我们不是输在思路的不超前和概念的不清晰，而是输在各个环节的不到位。实际上，这是精致的不足，需要我们转变，需要锤炼精致的培养能力。

精致要成为学校的文化，落在我们师生员工的身上，指导我们的终生。看似精致是费劲，实际上是节省时间。实际上由于精致，可以是事半功倍，而不精致可以是事倍功半。许多事忙忙碌碌，多头并进，但还是“一盆糨糊”。由于我们不精致，许多基本的东西，在我们的脑子里似是而非，也正是似是而非的依据，做出了似是而非的决策，这怎么能有工作成效呢？只能是芸芸众相，不了了之。

从登机的经历看精致化

那日，乘早 7 点多的班机赴京公务，六点许乘车至机场，尚早。按地勤人员提示，从自动取卡机取得登机卡。机场人声鼎沸，今日不知何故，人颇多，安检通道排队长龙几条。缓慢前行 25 分钟到安检入口，将登机卡和身份证递与当班的工作人员，片刻她微笑着告诉我："乘机卡缺少安检标志不能通过。"我告诉她："这是从机器上自动出来的登机卡，是一位身披绶带的工作人员帮助我取出的，没有错的。""不管怎样出的，因为没有安检标志，我们就不能放行。"姑娘继续微笑着坚持说。后边排队的人很多，不便多占用时间，"那该如何办？"我亟亟地问。姑娘又微笑着告诉我："请到人工柜台重新办理。"心中不满，但时间已经耗去了不少，耽误不起，我即拿了缺少标志的登机卡往柜台走去。走到半路，突然想起身份证，折回寻找。小姐微笑着告诉我“对不起，忘记给你了”。这时排队的人又增加了不少。寻找到人工柜台，尚好，排队人少。我告诉柜台值班人员缘由，她微笑着告诉我“这是安检的问题，不是自动出卡机的问题。”我说：“安检人员让我到这里来，能不能给我再出一张，因为我是从安检地方过来的，没有安检标志，不让我通过。”她说：“这票是可以通行的。”依然是微笑。我有些焦急：“明明告诉说是不行的，让我过来重新办理的。”姑娘微笑着在我递给她的乘机卡上画了一个圈，盖上了一个小黄章，她说：“对不起，请到1号柜台再盖章。”“还要盖章？！”我边说边悻悻地快速离去。幸好1号柜台没有人排队，盖好章之后迅速折返回来，时间已经过去了40多分钟，离起飞还剩15分钟。我知道拿到了乘机卡，一般情况下飞机会等你的，但让乘客因为我耽误航程于心不忍。唉，实属无奈，就直接跑到前面，歉意地给正在排队的乘客说：“对不起，我真的时间来不及了，而且我刚才是排过队的，登机卡出了点意外。”遭我插塞的那位旅客笑了笑做了个请的手势让我过去了。还是刚才那位安检工作人员，微笑着验过了证件、乘机卡，安检通过，我急忙奔向指定的登机口。正在奔向登机口的途中，机场广播上说，“前往北京的最后一位旅客，请你赶快登机，飞机马上就要起飞了”。气喘吁吁的我跑到了登机口，检票员微笑着告诉我，“你是最后一位旅客了”。“哎呀，真的对不起！”急匆匆地奔向飞机，飞机缓缓起飞，驶向北京。

本来行动很早，应该是一个非常从容的早晨，却被搞得急匆匆，增加了些许不快。坐在飞机上闭目想来，机场的每一个环节好似是都很严谨的，可就是一个什么标志，使我这个乘客心急火燎地度过了 50 多分钟。机场的工作人员态度真好，所到之处都是微笑，可是微笑代替不了问题的发生，微笑代替不了快速地解决问题，当微笑与差错相遭遇，微笑也失去了往日使我感受到的温馨。回想各个环节，其实就是“精致”出现了问题。在重新办理登机卡时，我曾问柜台的工作人员：“我这种情况是第一次吗？”她告诉我不是，类似的情况已经发生了多次。发生过多次的事情都没能得到有效解决，其背后往往是隐藏着组织功能的缺失，起码是快速反应机制有不妥之处。机器出错是技术问题，但为什么不能及时地解决呢？机器的差错也是机场的问题，转嫁给乘客就是降低了服务水平，即便是出现了一点问题，为什么不能在安检时就及时地解决呢？计算机存储的购票信息完全可以印证顾客的真实，瞬间可以解决的问题，就可以不用简单的微笑“请另去办理”，而增添顾客的麻烦。自动出卡机、安检、柜台等工作，都是机场价值链上的环节，环节之间的联动到哪里去了呢？组织的价值是由各个工作环节的价值集成的，各个环节无论设计得如何优美，但其整体效果达不到，就不能体现整体的优势，任何一个环节的价值缺憾都是整体的效果不优。当时，我很愤慨，但后来想想我们的学校，类似的事情是不是也时常发生，可能就工作的精致程度而论，我们的学校与机场相比会差很多的，己所不及怎可迁怒别人一时之误？看来，责别人不当易，察自己不足难，由此也就感到心平气和了许多。

“精致”在我们这个民族缺失的时间太久了，缺失的地方太多了。曾几何时，就连我们这些高等学堂，优秀人才聚集的地方，也常常表现了工作的粗糙和似是而非，没有了文人的细腻和周详。我时常想，我们可否从点滴小事做起，把精致的精神重新找回来？基于此我们或许会将教育的含义得以深刻的演进。精致化说说容易，真正的落到我们的身上，却需要从我们的心里溢出，充盈于我们的理念中，表现于举手投足之间。精致之虑可提升我们的品味，精致之行可提升我们的水平，实乃意义深远，我们不可不察不行。

从那以后赴京大都喜欢乘高铁，机场去的少了。

诠释“交通事业一线有成长力的工程师和管理者”

路海空轨综合交通人才培养格局，是我们学校办学的优势专业构成；培养交通事业一线有成长力的工程师和管理者，是我们人才培养的市场目标定位，其培养目标的内涵是什么？必须要弄明白，这涉及如何推进人才培养方式改革的问题。

交通事业一线是指我们培养的学生的就业领域和基本的从业岗位，为什么是交通事业，而不是交通行业？是由于我们的许多毕业生虽然不在交通行业就业，但其工作是交通事业，如汽车制造虽然是制造业，实际上是为了交通事业的发展，事业比行业具有更宽泛的空间。一线是指就业岗位在基层，我们的优势就是培养在一线工作的工程师、项目管理者、车间主任等等人才，且要有长期基层工作的思想准备，耐得住艰苦环境的考验。成长力是学生对社会做贡献的潜力，包括学生在专业能力上的不断提升，从毕业的学生成长为助理工程师、工程师、高级工程师等等专业能力的不断成长，是成长的重要表现；也包括在管理岗位上不断地成长，班组长、项目经理、总工程师、公司经理等等职务的提升，也是成长力的重要表现。成长力是发展的趋势和能力，更是一种精神，这种精神能够支撑起终生的进步。

如何实现成长力的培养？我认为，它不只是一个知识的问题，而是经过长期引导训练所形成的意志力。成长力既有外在的影响，更重要的是将人内心深处的奋斗精神发现、培育，并在实践中潜移默化自我强大的过程。成长力如何能体现在人才培养方式改革的过程中，这应该值得我们思考，至少是要让学生明白，自己心灵深处有一个能够引领自己、支撑自己不断向前的精神要素，这个精神要素可能在有的人身上表现得强烈一些，而在另一些人身上表现的隐蔽一些。我们对成长力的培养，就是发现这个精神要素，并不断培育壮大，使其成为我们面对困难、面对曲折、不屈不挠的力量，变成强大的心理要素。成长力要贯穿于全程的培养中，在知识的学习中要强调探究知难而进的精神，在能力的培养过程中，培养其实践力、创新力和不畏困难的能力，是解决我们从知识的学习转化为能力的提升问题，要培养终身学习的能力，不断涉猎新生事物，不断拓展自己的思想疆界，而不是封闭自我，满足自己的市井心理。在班级的活动中，在小组的活动中，都应该培养团队的成长力，使我们的学生处处都表现出勃勃生机。

工程师（包括设计师、经济师、会计师等，泛指工程师阶层）和管理者，既是毕业生的从业岗位，更是素质要求，即培养学生解决实际问题的意识和能力，工程师解决的可能是技术问题，而管理者解决的是组织所遇到的各种问题，尤其是一线管理者许多问题不能回避。我们的改革就是进一步优化培养过程，强调实战能力的培养和训练，使其成长的目标指向更清晰，工程师和管理者不是毕业就能做到，也是在实践中的成长过程，但是我们的培养水平应该达到这个标准。知识经济的时代，每一个知识工作者，实际上都已经成为管理者，至少是有管理自我的要求，因为知识工作者要实现自己人生的目标，完成自身的不断进步，实现自己人生的目标，都是须臾离不开对自我的管理。管理素养的培养就显得刻不容缓了。

如何增进管理素养的培养呢？我们可以嫁接一些课程的内容，比如说，任何一门课程都是知识点的组合配置，其知识体系的构成就是资源配置的知识管理问题，可以在知识的教授中，将知识的组合用管理理论来分析，比如专业课的学习和实践、实验，都可以贯穿进管理的思想，如每一堂课实现的目标是什么，支撑实现目标的讲授内容是什么，学生如何实现目标，如何巩固学习的知识等等，这本身就是管理的实践。如果我们的老师和学生能自觉将管理的知识付之于日常的学习之中，这本身也是对管理理论的讲述，一举多得。现实中，一些班级活动可以加入管理知识的介绍和实践，我们还可以形成许多课余的兴趣小组，对管理思想进行探讨和学习，围绕每一个管理大师形成若干个兴趣小组进行学习。通过对这些管理大师案例思想和技术的学习探讨、体验，激发起兴趣，引起自我学习管理的积极性，推进管理向纵深探讨、学习。我们可以将自己的寝室管理、班级管理、学院的学生管理、学院管理、学校管理等某些方面，作为我们由理论到实践的探讨，不断将日常工作和生活赋予管理思想的内涵，这样我们就会发现许多的不足，不断优化我们的工作和生活。能否把管理的理论付之于一些课程、结合实践锻炼等是对我们培养方式的挑战。

对管理知识专业素养的培养，还可以设置许多的载体，当然，学习管理更在于读名著，因为许多组织的软实力是体现在管理之上的，组织能够不断进步，实际上是依赖于管理的不断进步。能将我们日常熟悉的传统型管理，提升为符合时代管理思想的水平上来，对组织的助推作用是非常明显的。

能否将我们人才培养方式的改革，形成教育者的共识，本身就是管理的要求；能否将我们人才培养的方案，为学生所接受，让他自觉融入到人才培养方式改革的伟大行动中，本身就是管理的体现。因为我们所有的改革，其目的就是让学生自身附加值增加得更多一些，成长力增强得更好一些。能不能将学生自我成长的兴趣调动起来，本身就是对管理活动的重大挑战。我们所要进行的人才培养方式的改革，实际上就是一个伟大的管理行动。至少是具有成长力的一线的工程师、管理者这一目标的提出和实现，本身就是管理的一大进步。我们人才培养方案改革将会涉及许多的内容，能否实现，在于不断地提升组织的学习能力。

创　作

随着成长的历程，每个人都会在心中沉淀着许多知识，这些知识在应用于创作时，就成为了素材，无论是写文章、搞科研还是干工作都会有这种经历。当我们面对一个创作题目的时候，如果我们依据的素材主要是源于对自己心中沉淀知识的思考，或借助于别人的思考成果，也可能创作出一个不错的作品。以画家为例，一个画家坐在画室里冥思苦想，努力提炼自己对一个题材的理解、构思，并落于画纸上，其作品可能也非常的华丽、很有技巧，也会有好的观感。但当人们细细地品味，却总感觉缺失了什么，就像水上的浮萍飘飘忽忽，貌似也挺好看，但是我们看不到它的根在哪里，让人感觉不到厚重，难以表达时代的穿透力，随着时间的推移，就会淡出人们的视线。究其原因可能就在于对生活的具体体验脱离得久了，光靠过去那点对生活的理解，就是挖空心思也难以捕捉到生活的时代感，也正因为如此，很多大画家总会不断地深入生活写生，以资补养。

另一种创作的素材更多的是来源于对生活的不断感受。面对一个题材，作者深入生活对不同的感受反复琢磨，发现和总结出一些哲理性的东西，并通过一定的方式表达出来。再以画家为例，画家可能经过写生，抓住了对自然规律认识的灵机一动，自己感到很振奋，就通过画笔把这一规律以其独特的方式表现出来，反映的看似是自然事件，而又不是纯粹自然景象的简单复制，画家对其进行分析、提炼，使其蕴含了一些迷人的东西。比如山水画，看起来表现的是山水，但其中隐含着画家对山水所赋予的自己的情感。当人们细细地品味，就感到作品深刻的寓意，能引导着人们思考很多很多，并浮想联翩地深化着自己的理解，很是耐人寻味，这可能就是源于生活创作的力量。

我们正在进行的人才培养方式改革，实际上也面临着同样的境遇，是继续囿于我们习以为常的培养方式，在看似有理的封闭的学科圈子里，搞一点课程的修修补补、课时的增增减减等等的调整呢，还是真心地深入到人才需求的一线，真实地感受时代的发展，提炼人才的培养目标，清晰人才成长的价值主线，而改革培养方式呢？不同的起点，其改革的效果也一定是不相同的。

我们大都习惯了在学校里的生活，来源于书本、网络的知识多，来源于照搬名校和名人的方案多，善于借鉴知识，而逊于生活的体验，更多的是延续或不断地模仿他人的培养方案，对市场需求的理解相对欠缺，这种行为方式在某种程度上反映了我们思想疆界的束缚。市场经济最大的美妙，就在于极大地激发了自觉配置资源的能动性。人们可以通过市场发现机会，靠自己的优势抓住机会，实现了资源的配置，并赢得了组织生存的空间，这就是市场经济的基本模式。高等教育也不能例外，也要适应市场经济的运行方式，每一个高校都有自己的优势，关键是能否发现并抓住成长自我的机会，而最大的成长是在人才培养过程中所表现出的竞争优势。机会在哪里？在市场中。深入市场经济实践了解人才需求，实际上就是要发现人才培养最优化的配置点（当然很难找到最优点，但可以尽力接近最优点），由对最优配置点的理解，分析人才需求的时代特点，延伸为对人才培养的价值评价，如果我们将需求与适应需求的成长脉络梳理清楚了，逐一分解为以素质、知识、能力等诸要素作支撑，就可以分步实施人才培养的任务，就形成了人才培养方案。我们必须明确：

培养方案不只是课堂的教学方案，而是四年大学成长的整体方案。因为人是一个个的有机体，虽然实现成长要落脚在具体的内容上，但其成长孕育在整体之中。即：依据人才成长的价值导向，将学生的成长载体分解为素质、知识、能力等内容，以及课程、活动等形式，由不同的教育者承担各个部分的工作，由学生根据不同的受教育内容来实现成长的综合。人才培养的整体逻辑脉络固然重要，但没有具体内容的很好落实，就不能很好地实现成长的价值目标；反之，如果各个局部工作都很优秀，而没能沿着人才成长的价值导向汇集，也不能实现整体的最优。打造精致的人才培养能力应该是局部优化、整体协调的过程，既要不断地锤炼人才培养的理念，及其实现的逻辑脉络，又要对各个培养环节精益求精。“精致化”是一个艰苦的实践过程，需要我们认真地对待每一项工作，更需要不断地提升我们对精致化的理解和作风的养成。

实际上，我们正在实施的人才培养方式改革是一个动态的、系统的工程，不可能一蹴而就，也不可能一劳永逸，因为人才的市场需求是不断变化的，由此而引导的人才成长价值就会随之不断地变化；科学知识是不断创新的，实现培养的内容也会随之不断地变化；教育者和受教育者群体的认知水平是不断变化的，教育方式方法也会随之不断地变化；坚持学习和深入实践应该成为我们的生活常态。诸多因素构成了人才培养方案，而诸多因素的可变性更加剧了其复杂化。如果我们能够顺着人才成长的价值路径，模拟出培养方案和实现过程的情景规划，那就可以对不同的方案和实施过程进行模拟比较，集体的智慧就可以在人才培养方案实施之前彰显凝聚起来，甚至于对每一个课程、每一项活动的内容、方式、效果都可以在真实地实现之前，通过模拟进行评价，教育的针对性就更能体现在培养的目标上。建立模拟的人才培养方式，也应该引起我们的共同关注。

发表于 2013 年 9 月 7 日《山东交通学院报》（总第 526 期）第一版。

知识、素质、能力

在人才培养的过程中，我们经常使用知识、素质、能力的概念，其定义在词典中都有解释，范畴很宽泛。我的理解：知识就是人类智慧的积累。通过诸如文字形态（书籍、杂志、网络等）、物质形态（艺术、建筑、设备、环境等）、人的承载来表现；人类发明了语言，尤其是文字，让知识的发现、表达和传承更持久和广泛，藉此不断地发扬光大，使人类社会迈向了更高级的阶段。素质（在这里只是关注个体的素质），就是依存于人体之中的对人生的学习、思考、实践、体验等等的沉淀。身体素质是基础，固然重要，但在这里仅指镶嵌于其中的思想、品格、学识、能力等等的软实力。能力（在这里也只是关注了个体能力的概念），就是人完成或能够完成某项事情的本领。对于人的能力的描述都是基于一定事物的，如诺贝尔奖获得者，在其研究领域能力很强大，阶段性的达到了世界巅峰，但在搏击能力方面，他可能被一个街道小混混击倒在地；伟大的政治家，可能改革和引领社会，但也可能被身边的奸佞小人所左右。这只是比较了人的能力在不同方面的强弱。

就个体而言，我认为知识、素质、能力其实是共融于人身的，只是从不同的视角对人的观察和描述，但要详尽地阐述三者的内涵及其内在机理，也非常困难，如果真能做到，那将可能是很精辟的理论，我试了几次，深感力所不能及。但在思考的过程中杜撰了一个比喻，权且帮助自己理解和叙述。

知识无处无时不在，相对个人来说，可以分为外在的知识和自己所掌握的知识。外在知识要为我所有，必须有我的学习。存储于文字之中的浩瀚知识，需要我们自己去学习探寻字里行间的美妙，才能转化为自我的知识。蕴涵在艺术、建筑、工程等等物质形态中的知识，需要自己的感悟才能在心中流连，并演绎出自己的理解。当然，物质形态的知识可以转换为图画、文字形态的知识，增强了流动性和存储性。存储于人身上的知识，需要靠人与人之间的传输，才能为我所掌握，教师的职业性推进了知识的转播。自我心中的知识，也可能由于不同方面知识的交合、发酵、内炼等作用，衍生出更多的知识。知识依托文字存储于纸上、电子设备中，容量无限，由于公共、私人的收藏，传播广泛而长远。依存于物质形态的知识，却可能因为各种原因的毁坏而消失，即便是有了文字的记载，或另加整修，也失去了原汁原味。依附于人身的知识，增加了许多的生动和灵活，但却是最为脆弱的，圣贤伟大，生命却短暂，由于肉体的消亡，心中的知识也随之消散了，著书立说者，留下了的也仅是自己知识的了了而已。

素质是人之体及蕴含在其中的知识，包括了两部分：一部分是血肉之躯，来源于遗传和后天的给养、锻炼；另一部分就是蕴含于其中的知识，人生来就在不断地传授和被传授着知识，不管是被动接受，还是主动猎取，不管是来源于家长的呵护、教育（甚至是胎教），还是之后的幼儿园、小学、中学、大学、社会等等自己所接触的一切因素和环境。通过学习、实践，人的素质不断地积累、不断地壮大和提高。人之体有限，而装载于其中的素质却不可限量，倾其一生的学习和实践，也不可能使知识在自己心中无处存放，可能古人也就是由此创造了脑海、心田等等概念，靠有限生命的一己之力，要填满海、灌满田是不可能的。

能力是人判断问题、解决问题等本领的表现。由于基于社会的分工不同、从业状况不同、个人的喜好不同、解决的问题不同，人的能力强弱也就会展现在不同的方面，人的能力是不是与遗传有关，我不能判断，但人的能力的强弱却不是与生俱来的，而是后天学习和练就的结果。人偶尔一件事情的成功是可能的，但要做到职业性的持续成功，却需要长期的历练。现实生活中，有的人在解决实际问题中表现出了很好的能力，也有的人并没有看到他解决问题的真实能力，但是通过观察、交谈，感到其有能力，因为许多事情并不是每一个人都有展示的机会，要通过考察看是否有潜力。毋庸讳言，有些人貌似很有能力，实际上外强中干；而有的人看起来很柔弱，但其实内心很强大，高才绝艺大隐于世者历来都有。能力是在不断变化的，今天的高人可能因为放松了学习、磨练，明天就会被别人超过，所以，能力是在不断地学习使用过程中练就的。

知识、素质、能力是人的有机整体的不同方面。知识就像可以提供给人的饮食，要变为自己的给养，就只有靠自己来咀嚼消化，即便是再好的饭菜没能进到自己肚子里也不能滋养自己的机体；家中书架满是书籍，而没有自己的阅读，只能算作摆设，却不能滋润自己的思想。素质就像人的机体，在知识不断地给养下变得越来越强壮，当然，学过的知识也不一定就能全部变为给养，还有不充分吸收所造成的浪费；知识内生性的特点，使得知识通过人的思考，增添了新的理解，又变为给养滋润了素质。能力就是人能够干事情的功能，由于素质的提升，强壮了人的行为能力，如借助于思想力，人们可以超越自我所限，通过团队的力量、工具的辅助，实现了更大的目标。能力也包括学习的能力，其提升会使得涉猎的知识更广，研究得更深，学习的效率更高等等。能力还包括提升素质的能力，如知识的运用，不仅不会消耗知识，还会增强对知识的熟练理解和拓展运用，又变为了素质，使得思考力更强，概念能力更快、更好等等。

知识的学习就像汲水，素质就像蓄水池，能力就像水龙头，汲水越多，水位就越高，压力就越大，水龙头的流量就越大。妙在于素质之水不是真实之水，真实之水会随着流失水位下降，而素质之水会随着应用，加深和拓展对知识的学习，其水位反而会越高。当然，知识也存在不断蒸发和折旧的问题，知识要变化为能力，就需要通过素质的催化，转为能力的储备。知识的学习给予了素质的提高，素质的提高又促进了能力的提升，而能力的提升又会促进知识的积累和素质的提升。素质的提升又会帮助知识的学习和理解，又进一步凝练了能力。知识、素质、能力在相互的作用和反作用中，得到了整体的升华。

发表于 2013 年 11 月 7 日《山东交通学院报》（总第 532 期）第一版。

渔在鱼中

知识的学习是要依托于载体的，如我们习惯于读书学习，书本就是知识的载体。然而，承载着不同读者目光的同一本书，对知识的理解是各异的，为何？影响因素诸多使然。大学教育，非常注重理论体系的学习，假如有“交通运输的组织”这门课，其课程内容可能会包括交通运输的陆海空通道、车船机等运载工具以及两者的组合方式等等内容。这可能是要学习和掌握的基本知识，考试也不外乎这些内容。但是，蕴含在这些原理、规则等知识内容之中的，是能将其贯穿起来的逻辑脉络。这个逻辑脉络是课程编写者按照自己的思考创于其中的，可以言传，可以意会。然而在书本的字里行间却看不见，就像人的经络，我们知道有、也可以体验其存在，而物理解剖却找不着。

知识背后的逻辑脉络，我称之为逻辑力，是构筑文章机理和知识组合的心力，来源于作者的心智。我们都会有这样的体会，老师给出了一道命题作文，如果没有人抄袭，全班同学一定是写出了不同的文章，为何？可能是构筑的主题、写作的路径以及表达的能力等有差异的缘故，也是写作者心力不同所系。在学习中，对理论的掌握和领悟很重要，而透过知识的表象，领悟其逻辑力的构筑方式是更深层次的学习。任何问题的道理是一定的，但揭示道理的深浅和粗细程度却可能不同，阐述道理的方式也就有若干，从而演绎出了丰富的逻辑力，写出了不同的文章。同样道理，现实中对于一些具体的问题要实现的目标可能很清楚，而实现的途径却很多，达到的效果也就有了差异，沿用习惯了的路径虽然简单，但不一定集约，重新构筑逻辑力就可能是创新。对知识的学习是顺着逻辑的路径一步一步进行的，最终达到了课程学习的总要求。当你掌握了所学习的知识，又悟出了其中的逻辑力构架，对知识的理解就深入了一步。如果尝试着做一些逻辑力的调整和创新，就会改变了知识的组合方式和组成结构，就可能产生了不同视角的文章。如果在实践中对事物的逻辑力做些调整或重构，就可能在实现途径、产品构成、运用渠道等方面产生创新性成果。同时，知识的学习是一点点积累的，不断积累的过程就是实现目标的过程，这就是蕴含于课程学习中的目标管理法，一节课一节课的知识学懂了，就实现了单元的目标；一单元一单元的知识掌握了，就实现了本课程的目标。目标管理对于学习是这样，对于工作也是这样，只是所要实现的目标不同，用于实现目标的资源配置不同而已。如果书本表述的知识是“鱼”，那么蕴含于其中的逻辑力、目标管理法就是“渔”；其实，蕴含在知识的“鱼”中的“渔”是丰富多彩的，需要我们学会去品味。学习永无尽处，掌握知识易，学会方法难。

我们正在重构人才培养体系，就是力图进一步凝练人才培养的价值链，打造集约的学生成长载体，每一个专业都应该把学生毕业时所要达到的成长目标描述得很清楚；培养过程依托于知识、能力、素质的学习、训练而养成的，而知识、能力、素质又要由课程、课余活动和自我教育等内容来表现。不同的内容有不同的目标要求，阶段性目标的一步步实现，构成了人才培养总目标的实现。我们要细化人才培养体系的目标指向，优化培养内容的配置，明细各个价值活动的因由和在体系中的支撑作用，而不能用笼统的模糊概念代替精致化的来龙去脉，也不能只是延续着过去的做法，依存着过去的模板，继续着课程、活动等内容的堆积。这会与人才培养的要求匹配不够，甚至会使整个培养体系根基不牢。

要做到人才培养体系设计的逻辑力清晰，就需要我们依据人才培养目标，深刻地提炼人才培养的价值主线，围绕着价值主线配置课程体系、课余活动、自我教育等等，并做好不同内容的相互结合和协同。比如说有一些课余活动的内容是课程体系的延伸，也有些课余活动的内容是课程体系的支持，如大学生课余科技活动，是课程体系和课余活动的集成，也是学生自我的爱好；诸如文体活动、社团活动，是人才成长的重要组成部分，是不可或缺的，又很难用课程体系来代替，这些都需要统筹于人才培养体系中。课程体系和课余活动是我们设置的人才培养的外部环境，是学生成长的条件，而不能代替学生自觉学习的内因。即使再好的课程体系和课余活动安排，如果没有自我的学习和领悟，也很难转化为学生自身的成长给养。同时，也应该看到学生个体发展的志向、兴趣爱好、实际条件等等是不同的，不可能用课程体系和课余活动包揽了人才培养的全部内容，个性化的自我教育，顺应自我优势的成长，理应成为人才培养体系的重要内容。由此可见，人才培养体系应该有两部分构成的，其一是建立学习情境。即通过课程体系、课余活动、自我教育等内容组合，营造学生学习锻炼的外部条件。其二是学生的自我成长。即学生在良好的学习环境中，通过自己的努力，将外部的知识转化为内在的素质。

在整个人才培养体系的设计中，设计者会有意无意地在知识的组合中埋下诸如逻辑力、目标管理法等等的“渔”，而学习者是不是能够感受和体验到其存在，却是另一回事，这需要寻找，我将其命题为“鱼中寻渔”。就是知识的学习者，不仅要学会知识表达的道理，还要寻找意蕴其中的逻辑的构筑和结构，体验其中的逻辑力或者是其他哲理性等等的东西。如何寻找？既需要老师的点拨，更重要的是自我领悟，这应该成为人才培养的深层次内容，“鱼”中寻“渔”要成为人才成长的自觉。大学期间，人才培养涉及的内容很多，时间的跨度也较长，我们从一节课、一个活动，一步一步拓展到整个人才培养体系，对学生是由简入繁、由浅入深的成长积累过程，我们要使学生随着知识的“鱼”的增加，不断地积累和提高“渔”的能力，并演化为非常娴熟的思想方法。因为，在激烈竞争的当今，知识折旧的速度很快，组织的核心竞争力越来越体现在人的自我成长的能力上。这正是“鱼之虽多，常新也难；渔技虽难，会捕则易；鱼美，渔妙”。

发表于 2014 年 12 月 27 日《山东交通学院报》（总第 564 期）第一版。

篇

管理的实践与思考

事业是什么

事业是依托于物质人的想、人的干而实现的或正在实现的成果集成。物质条件往往容易分析，也可以度量，因为物质能转化成货币的多少来度量，使之可以分析。而人的努力却往往是难以度量的，尤其是在事业之初难以分析度量，因为人的努力更多是在实践中展现出来的，是一个潜能的激发或挖掘。

任何事业都是由若干的事件所组成，有的事件是事业成功的基础性因素，有的事件可能是事业成功的关键性因素，有的事件可能就会成为事业成功与否的标志性因素。对具体事件的实施，往往会有不同的态度，或“行”，或“不行”。“行”和“不行”是基于相同的物质条件所做的判断，为什么条件相同之下，会出现两种不同结果呢？我认为，除了对物质条件的分析之外，更重要的是对人的劳动潜力认识上有不同的观点和度量的方式。“不行”往往是对劳动的潜能没能很好地进行分析，仅限于一般情况下对物质条件的分析，而没有将人的潜能作为实现事件的重要组成部分。而人的劳动潜能往往是成功与否的关键因素。现实生活当中我们会遇到许多的案例，一些看起来应该成功的事件，但没能成功；一些看似很难实现的事情却成功了，为什么呢？可能是客观条件之外，人的智慧付出不同、人的努力程度不同是关键的因素；而人的努力却往往在事件之初不被人们所充分考虑，人的努力也确实是在事件之初很难被量化，而只能在实践的过程中不断地被激发，不断地被发掘，不断地付诸行动，而形成了依附于物质条件的人的努力成效。当然，人的潜力也是有限度的，能够充分发挥人的潜能是长期探索的过程，也是自信心的重要体现。

人的潜能的发挥，又往往与两个因素有关系，第一是机制，第二是激发。一个好的机制可以使人劳动的智慧、潜能发掘得更好。我国改革开放的几十年，就真实地证明了这一点。改革开放是经济发展手段的变革，是市场经济取代计划经济的颠覆性变革。我们的根本制度没有变化，我们始终不渝地坚持社会主义制度，这么多年使中国从一个贫穷落后的国家成长为世界第二大经济体，不能不承认机制创新的革命性因素。国家是如此，每一个单位亦是如此，而每一个人潜力的挖掘也会是如此，只不过需要找到束缚于人潜力发挥的思想约束并克服之而已。另一个因素就是激情。人在激情迸发的时候，所产生的能力、智慧是不可估量的，往往也是本人所不一定能够预测到的，这个激情是来源于自身潜能的展现，但这个激情也可以被不断地放大，也可以被很快地扼杀，关键在哪里？在激励。而激励也是一种机制，因为激励和激情往往是相辅相成的。激励得法可以不断地激发人的激情，激励不当也会抑制着人的激情展现；激情的迸发可以冲破机制的约束，催生机制的创新，同时，激情的抑制也可能使机制的作用进入了冰点，激励和激情实际上都依附在人的努力之上，所以如果用公式来表示事业的话：

公式 1　　事业 = 物质条件 + 人的努力

公式 2　　人的努力 = 激励 + 激情

物质条件、人的努力、激励、激情等都是事业成功的诸要素，需要协同推进。现实中，更多的是对人的潜能认识不充分，一般是对自我潜能认识相对欠缺，当然也不乏过高估计自己潜能的人，出现了蛮干、误干。对目标的制定是激发潜能的重要导向，是目标定得易于完成，大家在付出一般的努力下就能够完成，还是定一个难度系数较高的目标，要付出很大的努力才能实现？这要看组织决策层是如何认识和组织发展的诉求如何。目标高和目标低对组织的绩效激励作用是不同的，当我们确定了一个容易实现的目标，比如说任务目标的 80%，那么即使完成这个目标，才能完成绩效的 80%；当我们制定一个较高的目标，人均 100% 能够实现的目标，在实现过程中，就有可能使组织的目标增长在 100% 以上，为什么？由于目标对人的激励不同，实现目标所迸发的激情、努力不同造成的绩效结果不同。即便是实现了目标的 90%，那也要比我们制定的 80% 的目标要高。所以，决策者对组织绩效的诉求和对组织物质条件、人力资源的分析和掌控，是组织绩效实现的重要驱动因素。决策层对组织绩效实现诉求强烈，就会带领组织成员努力制定、实现较为远大的目标，当然决策者对组织目标实现不那么强烈，组织的绩效也一定不会出现那么惊人的业绩。如何应对？关键是管理者对组织资源配置的水平如何。当然，如果能够跟随着恰如其分的激励机制，事业的发展就会更具有活力。

激情的迸发在于自我的解放

组织的发展是人力资源、非人力资源等要素配置的结果。只要是配置，就有程度之别，甚至是优劣之分；其配置的效果就可能有大小之差，抑或是正负之异。在组织资源的配置过程中，人力资源无疑发挥着主导的作用，如果没有人的劳动，资源永远是资源，它不能成为生产力。如何充分发挥人的效能，已经成为了组织的核心竞争力，所以，催生人力资源的成长和壮大，是人类社会可持续发展的大计。组织的人力资源是由人的集合及其相互作用所形成的，发挥人力资源的优势首先就要激发每个人的潜力。

人在现实生活中表现出来的能力只是人的能力的一部分，人的潜能有多大，可能连自己也难以估量。一个人的成就，是由人的劳动作用于具体的事件上所取得的；具体的事件始终伴随着人生，包括了学习的经历、工作的过程、实践的创新、生活的多彩等等，事件有时多、有时少，多呈不连续的状态，有些事件是人生中的关键点，抓住了则可能出现变化的拐点，失之则可能终生遗憾。然而，激情饱满地工作，就可能会及时发现机遇并取得成功；运动场上激情澎湃的运动员，能超常发挥出自己的潜能，取得超乎常规的成绩；攀登科学的道路上，激情涌动的科技工作者，可以迸发出不竭的动力。激情憧憬的生活，使人生充满着乐趣，就是面对困难也有战胜的欲望。激情与潜能大都是相伴相生的，迸发人的潜能，有外部的诱因，更有自我的思想解放。高校是人才聚集的地方，激发每一个人的潜能是高校组织潜能发挥的基础。如何释放自我的潜能，我考虑了六个字：审视、摆脱、突破。

所谓审视，就是要经常地回顾自己走过的路，阶段性地比较自己是不是在原地踏步，是不是每天重复着几乎相同的思维、工作、生活的模式，是不是对一些不妥之事也多有见怪不怪心理；审视，其作用在于寻找诱因，诱因可能来源于外，更有可能是来源于内，即自己的内心世界。最有可能发现问题的环节是：这段时间有无可以使自己激动的成绩，至少也应该看看有无创新的想法，看看自己是不是涉猎了新的知识内容。

所谓摆脱，就是发现自己的徘徊境况，一或满足于现状进取心的衰退，如：自我砥砺多年本可以有所作为，却浅尝辄止拘泥于日复一日、年复一年的碌碌无闻，时代的进步使自己辛苦学得的知识几乎折旧殆尽；一或陷于浪费时光的怪圈，如：有的人喜欢议论别人的东长西短，以满足自己市井的本能心理，非大学校园所为，如此等等，长此以往就可能形成了颓废的文化，而桎梏组织的发展。摆脱重要的是明了需要摆脱之事，走出思维的惯性，真正从思想上解放自我。

所谓突破，就是要冲破思想的疆界，将自己的思维空间不断地扩大，开阔自己的视野，如：随着事业发展的需要，学校的管理方式正在发生着变化，对干部的工作方式的转变就提出了新的要求，需要突破原来的思维框架；又如：跨学科知识的不断渗透，就极有可能在知识交叉的层面发现创新点，以此为线就可能顺势创出一番天地。人的工作成就表现的往往是对客观事物的规律探讨，或对具体问题的解决，而许多时候其驱动力是来源于思想的突破，实际上是对自我的不断挑战。人是社会发展的最重要资源，而人的思想是人的潜能的源泉。丰富思想的内涵，活跃思维的方式，是涌动源泉的重要方面。

组织的健康发展，同样需要不断地发掘组织的自身潜力，而现实中往往难尽人意。其原因很多：目标的凝练不够、战略的谋划不周、执行的设计缺憾、激励的机制不当等等，任何原因都可能使得组织的发展受到制约；可能更多的是被组织过去的成功所形成的思维定势所累。优胜劣汰已经成为了时代特征之一，高校也不可能居于之外，如何隆起我校发展的强劲之势，重要的在于迸发出全体师生员工工作、学习的潜力和团队的奋斗激情。途径很多，我认为至少有三：

一是由外及内明确我们应该所为。任何组织都有自己社会需求的定位，然而，有定位并不一定能够实现定位，关键在于能否把外在的需求具体到内部的行动中来。如：我国交通事业发展迅猛，新理念、新方式、新技术、新工艺等日新月异，交通产业中国际化大企业集团正在茁壮成长，迫切需要更多优秀人才的支撑，这种强烈的市场需求信息能否快速而深刻地化为人才培养行动，真切地为我所用，以引导人才培养模式的改进和创新，就对我们传统的培养理念和方式提出了挑战；能否实现这种转型，其基础是看我们与人才需求市场贴得多近，那种强烈的市场信号的刺激能否激发起我们改革开放的迫切欲望。

二是由往及来摈弃组织的羁绊。组织的发展是继往开来的不断行为。继往，是继承组织的优良传统，对于不适应当前组织发展的文化给予改进或嫁接，而对于有碍于发展的消极因素就应该善于摈弃，良莠不分为习惯所困，难以使我们轻装上阵。开来，是开创未来的行动，通过对未来的展望，凝练发展的目标，知道我们将走向哪里去，并理清行动的方略，将有限的资源凝聚在组织发展的实践之中。

三是由少及多彰显集体的智慧。组织的优势并不是个体优势的简单累计，而是相互作用的协调迸发，在实际工作中如何做到群策群力，需要机制的完善和文化的演进；同样一项工作，一人定大家干，与大家议而定再大家干，有着显著的不同。一人定，就有决断的合理与否？继之，大家干就有理解的程度怎样？理解了干和不理解干，其效果就截然不同；大家议而定，就能使决策更完备，继之，大家再干就会有统一的思想基础，就有了智慧的聚集效应。当今，培育和壮大智力资本已经成为组织可持续发展的主要内驱力。充分发挥人的智慧应该成为我们的工作常态，并成为我们传承知识的重要内容。组织是有机体，需要随着时代的发展而不断地进化，主动进化和被动进化，其效果之别可能就是变强大和被淘汰。

学校的快速发展，需要激发出全体师生员工的群起之势，群起之势可以撼天动地，群起之势更在于早日群起而试之。

发表于 2011 年 12 月 17 日《山东交通学院报》（总第 483 期）第一、二版。

事业的发展需要我们全面提速

当今社会日新月异，速度已经成为组织竞争优势的重要特征。任何产品和服务，其市场的容量永远是有限的，面对有限市场的众多竞争者，速度就成为制胜的优势；当新兴市场出现时，产品和服务的市场格局还没有形成，抢占的速度是至关重要的，谁能够最快地提供产品和服务，谁就容易事半功倍，从而占据初期市场；在成熟市场的份额争夺过程中，面对市场需求的诸多变量，速度也是持续竞争的重要因素。体现在市场中的产品或服务的速度，实际上是组织行为的速度，是组织各个工作环节速度的综合，看似是行为的速度，实为是心力的速度。

速度始于发现，现实生活中，当人们发现了提升速度的诱因，就可以采取提速的行为；动物世界的弱肉强食，就诱发了攻击者和被攻击者的速度。诱因一个是来源于内，一个是迫于外；源于内可能是攻击者为了追击被攻击者，发自内心的渴望而奔跑，迫于外是被攻击者为了避免攻击者的袭击，而拼命地逃脱追击，均是为了生存。人类社会的物质与精神的需求是多维度的，有着数不清的分类且在不断地变化，有些需求是显性的，有些需求是隐性的，显性的需求往往格局已经形成，隐性的需求在于不断地发现和创造，这些都可以成为速度的诱因。譬如：大学人才培养质量的需求变化是显性的，一定会影响着高校的生存；改进影响人才培养质量的诸要素，有些是我们已经知道的，有些是不知道的，有待我们去发现。显性与隐性往往是问题的两个方面，有些问题我们发现了，它变成了显性，而如何解决这些困难，却需要我们思考和谋划，又是隐性的，就是有了解决问题的方案和行动，但影响持续改进的因素又是隐性的，需要我们不断地去发现。顺着一条途径的发现和改进，使隐性的问题变为显性，这是延续性技术；改变原来解决问题的路径，而用一套新的思维方式和方法抛弃传统的做法，这就是颠覆性技术，如集权制和分权制是两种不同的管理方式，其基本的理念和知识并不是新的东西，但对一个组织而言，如果由一种管理方式转换为另一种管理方式，对这个组织来说就是采取了颠覆性的管理技术，随之而来的就是理念和运作方式等等的显著变化。敞开心扉的遐想和心灵火花的碰撞，是发现事业的增长点并提升速度的基础，这应该成为我校的文化风尚。

速度成于快干，速度是可以度量的，任何事情的速度都依附在成果之上，当然成果表达的不一定是最终性成果，也可以是阶段性的进程情况。影响我校工作进程速度的因素很多，诸如启动慢、效率低、反馈迟等常有存在；许多时，任务已经明确，可就是迟迟不能开动，事前的酝酿和准备是必需的。然而，过长的在心中筹划，怀揣着许多想法，空有抱负侃侃而论于纵横之间，就是难以落实在行动上，这不是提高速度所为；工作虽然已经拉开，但进程迟缓、松松垮垮，貌似忙忙碌碌却不见成效，拘泥于行动不力、分工不明、协调不畅等等境况，在羁绊之中工作受阻；遇到了问题不能及时处理，而是借此发泄对别人的指责和愤慨，等靠别人的青睐或领导的发现，而不是千方百计解决问题，速度也就滞缓于此。速度是由实干取得的，一个心灵的瞬间火花，你能够将其迅速燃烧，并形成先进的理念来指导行动，就是提升速度；发现新的工作增长点，能够使其较快的在实践中变为工作的实效，就是提升速度。当然，组织的速度，是由各个方面的速度所共同决定的，部门工作速度的提升可以促进一个方面的成效，并不能代表组织整体速度的提升，但是，由局部的速度提升，就会看出其他方面速度的问题，谁快谁慢也就了然，由此也就有了改进的基础。实干是提升速度的基础。速度提于攻关，在制约速度的诸因素中，多有长期的问题积累，它们就像泥潭，拘于其中举步维艰，时间飞逝，竞争者迅跑，如自我步履蹒跚，相对的竞争优势也会被快速弱化。因而，解决疑难也是提高速度的重要途径，如：执行力不强较为严重的影响了学校各项工作的提速问题，可能不在于战略的规划和任务的部署，或许是在于态度懈怠、要求递减、职责不清，流程不畅、考核不利等所带来的消极现象，解决组织运转效能就成为必需。事业发展的征程上有些多年形成的障碍已成顽症，提速就可能带来工作格局的变化，就会涉及利益的调整，然而，组织的岗位设置、人员安排、工作方式等等都是资源，都是为了完成组织的目标而配置的，局部利益就要服从整体利益，组织的发展也就大于个人的好恶。当然，任何事情都不会一蹴而就，提速也是循序渐进的过程，我们应该有攻克难关的韧性。

速度加于创新，速度是相对于过去或他人完成任务比较而言的。实现目标是人力资源作用于非人力资源的配置结果，既然是资源的配置，就有配置的结构问题，创新可以使得资源配置的结构发生变化，可以形成加速度。奇正组合能变化无穷，创新亦是如此。譬如：考虑问题的方法有了变化，就可能带来了思维方式的创新；工作内容的顺序发生了变化，就可能带来了工作流程的创新；从行政分工转为团队合作，就可能带来了人力资源配置的创新；从低头干活到抬头看路，就可能带来了战略思维的创新等等，实际上，创新是无处不在的可能，只是看能不能发现创新点。创新是有意识的观察，许多已经习惯了的行为方式，不一定就是合理的，只要我们细细地品味，就会发现创新的可能；同时，对评价标准的重新评价也能够感受到许多创新的地方，如：奖金是奖励绩效的，而人们习惯于按职分配，将其等同于工资，评价绩效混同了评价身份，这就失去了奖金的作用；如果能够回归其对绩效的激励功能，无疑就会引导更多的成果产出，学校的发展速度会更快些。创新的能力更来自于不断地学习，借鉴他人的知识和经验，总比自我创造来得快。创新就会有失误，宽容失败是创新文化的重要体现，我们应该有包容之心，因为组织的发展永远是行走在成功与失败的不确定之中。

速度是多维度的，加快内涵提升、加快外延拓展、加快解决问题，尽快提高质量、尽快科技创新等等，都是速度的表现形式，速度的内涵是全面的。速度的提升要遵循事物的规律，欲速则不达是指违背了事物变化的本意，但切不可以此为由，放纵了自己的懒惰。多少事，从来急，一万年太久，只争朝夕！

发表于2012年1月7日《山东交通学院报》（总第485期）第一、二版。

全面提速重在提升执行力

近年来，我国交通事业迅猛发展，其交通的内涵和外延都有了很大的扩展，迫切需要更多优秀人才的创新思维及迅速成长以支撑其协调发展；高等教育的争芳斗艳正在为彰显各个高校的优势开辟广阔的空间。在竞争中快速发展是难得的机遇，审时度势展交院人的智慧以壮大自我，应该成为我们的气魄和信心。局部工作和个体行为的提速不足以形成我校的快速发展的态势，“全面提速”应该成为当下我们全校师生员工的共识和管理的主题。

提速，我之理解就是尽快地实现工作目标。机械传动的提速可能有许多的方式，改进结构、增加动力、更换设备等等，都是增加外部能量所为；人的工作提速却更多的是来源于人内在能量的释放和激发。任何工作都是事、时、人等诸因素的配置过程，而人永远是占主导的地位，如果没有人的主动工作，生产资料就将永远是生产资料，它不能变为生产力。而生产资料的配置水平如何，更大程度上是人类智慧的积累，和人的实际技能的发挥。任何组织其发展速度的提升，基础是人的思想的支配作用，所以组织的管理机制和方式的变迁或演进，也往往是理念的变化更新而导致的人的自觉行动。当然组织提速是一个系统工程，可以延伸至组织工作的方方面面，每一个人和事都有提速的可能，如：当日工作当日清，较比当日工作来日清就是提速；跑冒滴漏立即堵较比酿成大患再处理就是提速；快速形成团队攻克难关较比单枪匹马贻误时机就是提速；本学期知识本学期掌握较比挂科补考就是提速；四年大学时光卓有成效的毕业较比马马虎虎的度过光阴就是提速；相同的目标在预定的时间里提前实现是提速，相同的时间完成更多的任务也是提速；提速就是在原来速度的基础上增加一点加速度。

实现提速的途径有很多，但执行力是关键。现实中有许多事情没有办好是贻误在执行的过程中。我发现有种现象，有些人对待工作的不利总会提出许多这样那样的理由，为自己没能完成任务而开脱，往往是为匿掩执行力不够所为。对完成任务的评价是实现目标，如果以过程中的某个环节摄人心扉的理由代替了任务的完成，那只能是干扰了对事物的评价方向，抑或是更改了对事物的评价标准。管理工作中决断是个重要的关节，大的工作方面叫决策，工作过程的事情叫决定、决断更合适，其意是相通的。对任何工作都有一个提出、调研、思考、决断的过程，进而是干还是不干的问题。工作的提出、调研、商议等方式各异、时间长短不同，往往因人因事因时而异，其目标指向是要实现干与不干的决断；如果决断是“不干”，那么是现在不干、将来要干、还是将来也不干要分清楚；如果决断是“干”，那就要解决谁来干和如何干的问题。

职责所系执行力就有不同的内容，如学校党委行政提出一些工作的设想，决定由相关部门和人员调研，其执行力就是在规定的时间里摸清情况、提出建议供决策参考；在此阶段就是要依理说出行和不行的建议。事情已经决断要干，那就是相关人员如何实现目标的问题，对已经决断要干的事情评头论足，既不干也不汇报，听之任之停留在自己以为的想当然，就是执行力不足的问题。任何事情的决断不可能都对，对已经决定了的事情就是说不行也只能再回到决策的做出机构或上级，而不是在过程中敷衍搪塞丧失机遇。酝酿、决断、实施其中都贯穿着执行力的问题，在每一个工作岗位，每一个人的行为过程中都会时时遇到，只是决断与执行的内容有大有小而已。不同的工作时段需要不同的工作结果，执行力其精髓之处我认为就蕴含在此中。

我们适逢一个充满竞争和创新的时代，只争朝夕日新月异是时代的特点，我们的事业的全面提速重在提升执行力。组织的执行力不是机械的上下级传导，而是组织价值演进的过程，决断更多的是依据事物发展的规律，努力把握其走势和变化触点而超前做出的决策，因而也就很难将前景描述得具体化，但可以评价的描述，这就是价值的决断。如：“全面提速”就是一个价值的决断，到底如何提速，提高多少？只有在实践中看，但不提速于我们的事业是不利的。又如：推行二级管理，实际上也是基于价值的决策，如果坐等安排不思变化，继续沿用习惯了的思维方式和工作方法，或是思而不动，或是动之太慢等等，都会形成改革的阻力，也是执行力不够的表现。提升我们的执行力，既在于大家对学校发展愿景的理解和展望，对愿景的不断丰富、提炼和光大；又在于不同的工作团队和每一个人，在丰富的实践中，提出奋进的目标并为之努力。

人生价值的实现可能更多的是将自己的潜能尽力的激发出来，其实现的重要导引就是工作中自己目标的提出，以使其变为自己的内心感受而指导自己的实际行动；由于每一个人、每一个团队工作的多彩，每一项行动的灿烂，就可以形成整体工作的良好态势，因为学校的成长是每一个人成长的汇总和组合，学校的整体发展又激励着大家的不断进步。高校的价值更在于发现、培育价值的增长点，更在于创新、挑战、激励人的价值实现，更在于将大家的智慧汇集于共同的事业之中。

任何工作目标的实现，大都是大目标分解为小目标的实践过程，又是小目标的实现汇总为大目标的实现的过程，有道是天下大事始于细、天下难事成于易。实际上，全面提速也是一个分解、汇总的过程，只要我们将全面提速的理念化为全体师生员工的行动，就能够实现学校的快速发展。

发表于 2012 年 3 月 27 日《山东交通学院报》（总第 489 期）第一、二版。

以团队之势促进学校的快速发展

当今，我们面对的是一个复杂和动态的世界，市场需求的多变和资源配置的迅速，都对任何一个组织的生存和发展提出了长期和严峻的考验。市场的竞争，实际上是以人才为主体的组织行为的综合竞争，人才的配置方式越来越成为组织的核心竞争优势。高校肩负着人才培养的重任，能否培养出更多合格的人才，事关社会可持续发展的大计。无疑，高校也不可例外地要融入市场经济的竞争之中。我认为，以团队之力形成我校的竞争优势，是应对挑战的重要方式。

团队者，可以是行政机构，也可以是实现组织目标的人力资源配置的其他形式。如：学校是一个大的团队，其组成人员包括了全体师生员工，大家在不同岗位的工作和学习，维护了学校事务的正常运转，这是基于行政机构的团队；为了完成某一个项目，我们既可以调度学校不同部门的人，又可以积极地寻求学校之外相关人员的支持，围绕着项目就形成了跨行政组织的团队，这就是团队的另一种形式，且这种团队形式正在发挥着越来越重要的作用。团队之妙在于清晰的目标、以目标为主线的资源配置的结构、集大家的智慧于过程中的运作方式和能够评价的绩效。面对激烈的竞争形势，我们应该娴熟地运用团队的构成和协同工作的技巧，促进学校的快速健康发展。

以团队的创造力凝练和内化目标。任何组织的管理都是目标管理，没有目标，组织也就失去了前进的方向；而目标哪里来，它应该是以团队成员为主体的集体智慧的凝练过程。如：高校的根本任务是传承和创造文明，但每一所高校又应该有自己的办学定位，“建设特色鲜明的高水平大学”，就是我们的价值目标，这是社会需求的引导、学校发展的历史总结和交院人集体智慧的结晶。这个目标是事业长期的追寻过程，能否使其成为学校每一阶段工作的指导、体现在每一层次的工作目标之中、变为交院人的自觉意识和行动，却是目标的内化过程。如果将学院发展的紧迫形势和迫切的愿望，变为师生员工的工作、学习和创新的激情，群策之力将涌起学校澎湃发展之势。

以人力资源的优化配置促进团队行动的集约进展。人各有其长犹如花各具其芳，团队之优在于集成员之长于具体的行动之中，以目标为主线，尽各所能为，而促团队之大成。组织中，人力资源与非人力资源都是由人来配置的，但是否实现优化配置，却是团队智慧使然。如：学生是人类文明传承的重要载体，对学生的教育实际上就是团队协同工作的重要形式，教和学两个方面组成了教育的团队，两者的相互配合才能实现教育的目的。学是根本，教是手段，如果没有学的欲望和激情，就是教得再好，也很难取得满意的效果；如若学有激情，教得其法，那成长力将是难以估量的。在教与学的过程中，教处于主导地位，学依赖于教的组织形式。教不是一个人的行为，而是团队的行为。那么，教的团队又由哪些人来构成？授课老师、辅导员、院校行政人员、后勤保障人员等都是团队的成员，家长、社会与学生有联系的人员也应该争取使其成为团队的成员。团队的成员都应该将学生成长的目标内化为自己的行动，课堂教学、课余教育相协调，基础课、专业课、实习课等相协调；再风趣的教学内容，如果与培养的目标无关，那就谈不上行动的集约；课堂讲授的效果再好，而在校园中见到的是员工态度的冷漠、服务质量不佳，就不能实现学与教团队的协同工作，因为，知识的传授和行为的示范都是教育的重要环节。就是教的团队结构如何的合理，而学生没有把自身成长的目标落实在日常的行动中，也谈不上教与学团队的整体和谐。

以评价标准的彰显衡量团队的绩效。组织的绩效管理已成所趋，其基础是评价的标准，无疑要体现目标要求这一主线。如若将学校发展的战略目标，分解并根植于学校的各个部门、各个层面的具体工作之中，并在评价体系中体现，那么，我们有限的资源就能形成发展的合力；当然，评价涉猎的内容可能繁多，其本身也是成长和积累的过程，需要大家的智慧基于其中。评价体系和标准彰显于阶段性行动之前，绩效的评价在于阶段性行动之后；评价的体系又是开放的，更在于过程中的不断积累，客观的分析提炼，阶段性的完善修正。

有了评价也就有了正反两个方面激励的基础。

团队的构建是动态的，组建的效率在于畅通的沟通平台。今天是 A 专业的任课教师，明天就不一定；今天因某一个课题的攻关而成为团队成员，明天另一个项目就不一定。其动态之美在于围绕目标各取所长，协调于行动之中；角色的互换也成为常态，为主者乃项目见长者，行政团队可能以职务而定主次，专业团队可能以能力而定主次，均为资源配置的形式，是为了取得更大的效益。团队的能力，基于成员的相互了解，以易于互补性的协调工作。畅通信息的交流平台，就是为了实现资源的优化配置，此乃是我们环境的薄弱之处；组织创建沟通平台迫切，需力为之，但沟通的方式巨多，需共为之。

目标、团队、行动、绩效、评价等等均为实现组织目标的要素，需要管理贯穿始终。管理如彩线，要素如珍珠，彩线串珍珠可现五光十色之象。学校的发展急需管理能力的提升。

发表于 2011 年 12 月 27 日《山东交通学院报》（总第 484 期）第一、二版。

寻找缝隙　成长自我

人类社会奔流不息，当今更是日新月异，社会的进步、经济的发展，正在演绎着前所未有的波澜壮阔。对美好追求的遐想无限，使人们的想象力超前的开阔；理念的更迭、技术的进步、管理的提升、产品的创新等等发展的要素目不暇接，激荡着人们吸允的速度和耐力。增长方式转变、结构调整是当今经济发展的主要途径，从大型计算机到云计算，是产品的结构调整，进一步发展是不是还要有雾计算，甚或是云雾缭绕的计算等等都不得而知；从燃油汽车到新能源汽车，是产品的结构调整，可能会带来与此相关的产业增长方式变化；海底隧道从海床上钻洞到沉埋管道是产品的结构调整，是否还要有悬浮式通道在海里或空中筑起，也要拭目以待；从物流到物联网等等都是产品或服务的结构调整或增长方式的改进。变化，抑或是快速的变化，成为了这个时代最显著的特点。

与经济结构调整相协调，高等教育也迫切需要结构调整，从培养本科生到培养研究生是培养层次的结构调整，全面提高学生培养质量是人才产出的结构调整。围绕着人才培养质量的提升，其核心是师资队伍的知识、能力结构的调整，代之而来的是培养理念、培养方式等结构的调整等等，随之而来的是学校和每一个人成长方式的演变。而变化的动机从哪里来？首要的是对社会人才需求的满足。产品或服务结构变迁，是诸要素之间的配置发生了变化，探究诸要素连接处的缝隙，借助新的变化就能够找到许多新的增长点。在已经形成的市场中，份额的变化是从竞争者的手中抢夺，其难度是力量的抗衡和实力的较量，而在新的市场形成过程中，谁先进入就可以抢占市场份额，事半功倍。我们就是要找到变迁的缝隙，借助资源的重新配置之机成长自我。

敏锐的目光是寻求发展之机的先导，缝隙在于发现，经济和社会发展总是不平衡的，不平衡就会有结构问题，如政府为了推进经济的发展、社会事业的进步，就会出台适合于社会发展走势的引导性政策和指令性政策。这些政策背后就有着财政政策的支持，当我们发现这些政策走向的时候，就要寻找我们的优势与政策引导的结合点，这些结合点就是我所表述的缝隙。比如经济的增长，要落脚于产业的进步和发展，社会发展的活跃因素是存在于人类的实践当中。商品服务的主要提供者是企业，由于企业之间相互竞争的作用，使得市场始终处于结构的不断调整之中，这种调整可能是由于观念的进步、管理的提升、资金的投入、技术的创新等等所引起，是通过产品和服务表现的。实践中微妙的变化在于深入、在于体验，更重要的是看到。任何事情的实现首先源于发现，发现在于快，在于先，在于不要将其轻易地流失。许多时候，我们发现了一些事情的苗头，可是等闲视之，在诸多理由的磨蹭之下丧失了时机。当别人将发现提升为问题，解决了问题，取得了成果的时候，我们就会后悔。这样的事情在我们生活中是屡见不鲜的。

寻找缝隙更重要的是能尽快地将其概念化，形成我们解决的理念。其核心是我们自身智慧资源的充分利用，如我们深入的思考提出问题，又有众多人来思考和讨论，并分解给若干人来解决，就是集体智慧的体现。人类社会发展到现在，无时无刻不在呼唤着每一个人智慧的实现，但人类社会发展到现在，又非常明确地昭示了仅有一个人智慧的实现是不够的，它要求集体智慧的迅速集结并实现目标。因为现在社会竞争是无处不在的，速度是很快的，当一个人完成不了的事情，就要迅速集结集体的智慧，那些等待时机再自己完成的事情，可能瞬间就被别人攻克了，机遇也就不属于你了，成效也就更不能在你这里体现了，事业做大每一个人都在其中。

发现缝隙更重要的是要拿得下。在对事情变化的机理分析之中，发现我们能够展现优势的地方，使得发现的机遇变为成果。高校聚集了很多可以优势互补的人才，而使智慧变成生产力却是一个过程。我们要深刻领会，市场经济的本质是交换，而高校的优势是智慧，用智慧换效益是我们最大的潜力。市场的元素很多，每一个组织都有其客观发展的优势，我们的优势在哪里呢？是自身的不断成长。发现社会的需求，而又能够聚集我们的智慧和能力来解决它。其发现、解决问题的过程自觉地沉淀于自我成长的行动中。组织和人一样，成长的过程也是艰难的，也是需要岁月的，但在成长的岁月当中，自觉的成长和不自觉的成长有着天壤之别。自觉的成长就会对自己成长的过程进行构思、规划，就会对成长的事件进行反思、凝练，就会思考成功的因素来自哪里？不自觉的成长我们所能见到的比比皆是，他很好地完成了一个事件，但却不能将这一事件的精神发扬光大地移植到别的地方，却不能把这一事件的激励沉入到组织的其他环节。现在正处于瞬息变化万千的形势中，我们要比别人早看到变化的迹象，要比别人的意识早萌醒，又要抓住这些变化的机遇，并成长为成果，将自己的智慧赋予到对变化事件的攻克、组织攻克、协调攻克中。

高等教育的竞相发展之势愈烈，我们愈不能坐失良机。

发表于 2012 年 9 月 7 日《山东交通学院报》（总第 500 期）第一、二版。

由理论到理论的实践
由实践到理论的理论

很久以来，我以为书本上讲的东西就是理论，实际工作的过程就是实践，就这样将理论与实践做了简单的划分。后来对此不断地思考，感到此论偏颇。书本是理论，对我们每一个读书人来说是无疑的了，但书本也应该是作者的实践，是作者学习、思考和经验的积累，写出了文章，其创造的过程应该是实践的活动。它是作者将头脑中思考的问题，借助于自己掌握的知识和理论，写成了文章，其中逻辑的架构、知识的应用、表达的技巧等等，是作者创作的结果。看起来，是阐述的一个理论问题，实际上这一表达的过程就是实践。人类思想为什么这么灿烂，人类的精神生活为什么那么丰富，很重要的是历朝历代诸多作者的著书立说对读书人的启迪。文章的形成至少有两类，一类是作者对读书的理解，付之于文章，是对问题思想层面的思考，并没有经过实践的印证，我权且称其为由理论到理论的实践；另一类是作者对实践过程新发现的归纳、探究和创作而形成的文章，我权且称其为由实践到理论的理论。

人类社会也正是由于不断地进行文章创作，才使得思想活动丰富多彩。但只有思想活动是不够的，更重要的是在思想活动指导下的实践活动，物质财富的创造终究要靠人类的实践行动。瞎碰乱撞的盲目行动，怎么也比不上构思严谨、方案清晰的行动，有理论指导的实践行动，其针对性更强，更有可能形成成果。有了理论的指导，并不代表就能包罗解决实践中的所有问题。因为在实践中会出现新的矛盾，如对事物理解的延伸不同、使用方法不同、实现技术不同等，难免与初始设想有出入，实践中遇到了曲折和困难是经常的事情。解决问题的过程中，就会形成很多的思考，如果说，能将这些思考系统化、成果化，汇集成文章，就可能形成新的理论。这个在实践中凝练理论的过程，对实践行动具有更强的指导意义。这些理论可能对现实的影响力更大、更持久，传播的范围也更广。

人类精神财富博大精深，能够表达为书本的东西毕竟还是少数，现实生活中，更多地是通过口口相传来延续人类文明。口口相传的东西是否能够构成理论另当别论，但传播过程就是实践活动，是否能够一直传播下去，也要看传播内容的穿透力、传播者的表达能力和接受者的理解力。在现实生活中有很多口口相传或师徒相传的技艺，如许多民间艺术，可能并没有形成很系统的理论，但是它以习惯了的方式传承下来了。一些没有文字记载的文明，因为缺乏形成文章过程的凝练，在传承过程流失、失真也是存在的。一些即使有文字影像记录传承，也形成了理论体系的，如果没有师傅的指导，可能由于人理解的局限性，也很难达到应有的效果。比如戏曲，如果没有师徒传承，仅靠看戏、影像的理解，就很难达到应有的高度和水平。由理论到理论的实践和由实践到理论的理论，应该是在理论探讨和实践应用当中不同的表现形式。

作为一所应用型的工科院校，其责任更在于培养对知识进行应用的人才，是对科学家发现的知识、总结的规律在实践活动中的应用，而不是过多的探究知识的发现和规律的揭示。由实践到理论的理论，可以验证人类发现的理论知识，可以验证人们掌握理论知识的水平，更有可能发现应用性创新，更能够促进人类物质财富的增长，应用型大学培养的人才更应该注重于此，更应该在由实践到理论的理论过程中有所建树。由实践到理论的理论，首先是在理论指导下的实践，是知识的应用，能够形成物质的成果；继之，是在实践的过程中发现了探索点，并对相关的知识再学习、消化、提炼又形成了文章，这样的成果可能就更适合于工科院校的发展特点。这样就可以使一个实践的过程，变成一个我们不断学习思考的过程，衍生出很多思想的火花，变成一个既有理论体现，又有理论延伸，继而产生成果的过程。

由理论到理论的实践，可以不断地督促我们学习，使我们思考得更深邃、更深刻，可以丰富人类的思想，也可以形成很好的文章，但这只能是理论的一类形成方式；我们须臾不能忘记，由实践到理论的理论这个过程，它既可以形成很好的物质成果，又可以形成有支撑力的文章，高等教育分类办学的要求，更需要我们工科大学关注这个方面。当我们不断地延伸着由实践到理论的理论的过程，我们的组织内驱力就会由于创新而不断增长，由于有了更多的实践经历，我们就会对专业有更多的理解，付之于人才培养工作就更具有针对性，崇尚实践、崇尚创新就会蔚然成风尚。

发表于 2013 年 5 月 27 日《山东交通学院报》（总第 520 期）第一版。

继承与创新

人类社会的发展，总是在继承和创新的实践过程中不断进步的。没有继承，很难做到创新，没有创新，继承也很难得到光大。学习本身就是继承，继承了人类社会创造的文明，这是人类社会不断发展和赖以生存的基础；创新则是促进人类社会不断进步的原动力，正是由于创新的无处不在，才使得人类社会五彩缤纷、诗情画意。

继承，对于我们每一个人来说，都是不可或缺的成长基石，因为人类文明始终是在不断演绎、进化和传承的。当然，传下来的也不一定都是文明，也有糟粕。继承要继承什么？如果说，一味地照搬照抄前人的东西，这种继承就是僵化了的，只能是东西不变，而换了一个搬运东西的人。前人的创造都是基于前人的生存背景或那时候的认识水平、思想能力所形成的，都会有时代的局限性。世事是不断变化的，我们很难确切地体会到前人创造的背景条件，就是当代人的创造，可能同处一时，同处一事，但创造者的心境也很难真切感受到。如果僵化地抄来抄去，到头来也只能是在自己的位置上演绎着别人的故事，显然，就失去了我们的自我。另一种继承，是继承前人的精髓，是从认识方法、价值传承、精神实质等方面来继承。这种继承就是把前人的创造变为了我们的给养，基于当代人的时代背景、思想方式和技术手段，延续着人类社会连绵不断的文明基因。

创新是在前人打下的基础上继续演进，这种演进至少有两种方式：一种是沿着前人创立的路径继续推进，如产品或服务功能的拓展、细节的完善、成本的集约等等，是在同一概念下的不断进步，这是技术性的创新，或称之为延续性的创新。其更多关注的是技术的进步、管理水平的提高，这在现实生活中是较多使用的，因为我们会不断地追求事物的品质和实现的精致。另一种创新则是基于实现现在的产品和服务的性能，换一种实现的路径，或另寻一种依托的载体，新的实现手段脱胎换骨了过去的产品和服务，这种创新的实现，往往会带来产品或服务更大的附加值。这是适应性的创新，或称之为颠覆性的创新。

技术性和适应性创新都可以提升我们所要提供的产品和服务效果，但创新的着力点却有着显然的不同。技术性的创新可能更注重在同一思想框架下，通过对原有东西的熟练掌握或不断的探索，发现可以提升的地方或对不足点的改进，是在原有基础上的持续发扬光大。适应性创新的着力点，是基于思想框架的创新，即变换了一个设计思路来实现产品或服务的功能，其更多地是来源于我们自身思维领地的拓展、思维方式的变化、认识角度的不同等。像是在思想上打开了另一扇窗户，或者思想认识疆土的拓展，引领我们站在不同的认识领域，来看待所要实现的产品或服务功能，可能就有了另外的实现渠道。适应性的创新，已经成为当代创新的重要表现形式。现在在工作团队的构成中，更多地注重人员的多样化，更多地注重交叉学科的相互启示，可能也就是基于此。适应性创新可能会带来意想不到的成效。

我们正在进行的人才培养方式改革，更多地是要着眼于适应性的创新。为什么呢？从现状来看，在高等教育快速发展的同时，高等教育的质量却受到众人的质疑，从业于高等教育的我们不得不反思现行的人才培养方式问题，就读于高等教育丛林中的莘莘学子也应该不断地反思学习方式问题。显然，现阶段人才培养质量，存在着不能满足快速发展的社会需求和人才自我成长需求的不足。我们现在采用的人才培养方式中，许多落后的理念、知识、方式等依然充斥在内，许多不适宜的设置，也由于受到习惯性影响、个人和局部利益局限，而难以进行调整。毋庸讳言，如果继续沿着过去的路径走下去，继续坚持沿用那些不合时宜的东西，可能等待我们的就是继续的落后，乃至被高等教育的发展所淘汰。

为什么不能换一个路径，进行新的人才培养途径探讨呢？我想这就是适应性创新。即我们要适应社会进步和经济发展对高等教育的新要求，重新布局我们的人才培养方式。这个布局是基于市场对人才需求和人才自我成长需求基础之上的，更多地是要分析、调研需求所体现的知识、能力、素质的诸要素。发现自身认识的盲点或者误区，发现传统人才培养方式的不足，去构筑新的人才培养方式。实际上，新的人才培养方式构筑的素材，没有离开我们已经知道的知识能力等支撑点，只是这些支撑点有了新内容的丰富、其培养内容有了新的配置、培养方式有了新的构架、新的取舍。就像我们对建筑物的设计，如果沿用着农村小房子那样的方法去设计、建造，就不能实现摩天大厦那样的建筑；摩天大厦采用的设计方案不同，建筑的功能拓展了，使用的材料也有了变化，实现的技术手段也多有变化。变化的根本原因是设计者的理念变了、施工者实现的途径变了，变得更加适合城市建设的需要。我们正在实施的人才培养方式改革，其着力点也类似于此。我们能不能在这次人才培养方式改革的进程中取得胜利，关键是能不能实现我们自身思想疆界的扩展，而带来思维方法和行为方式的转变。这种转变可能导致的就是人才培养方式的革命。

发表于 2013 年 6 月 7 日《山东交通学院报》（总第 521 期）第一版。

创新运行方式　强劲成长能力

任何组织的发展都是诸多资源共同作用的结果，包括了外部资源和内部资源。外部资源是组织发展的重要方面，需要去争取、把握，有了时机不可错失，有时还要创造机会去赢得组织发展的空间。但外部资源的主动权不在组织，许多时、许多事可遇不可及。而组织内部资源的主动权往往掌握在自己手中，优化内部资源配置能够强壮组织机体，提升组织效益，释放组织活力，对内外部资源的聚集产生更好的驱动作用，也就更加有利于组织的成长。基于我校的现状，创新运行方式是提升学校成长力的重要渠道。

学校生存的物质基础是我们的校园、房舍、设施，它们承载着我们的理想和价值的实现，应该尽其所能充分发挥其作用。然而，当我们细细地测算，数以亿计的资产，是否已经物有所用？现实的状况，当然是不尽然。每当假期学校一片寂静，一年就是百余天，数以千万计的设备每年能用几何？设备的利用率不高，许多处于搁置状态，投资巨大而不能有效利用，由此带来的资产浪费是令人震惊的。而面对这种浪费，我们习以为常、漠然处之的心态就更加令人震惊。是什么影响了物质价值的实现？

高校是人才密集的地方，数以百计的博士、教授，数以千计受过高等教育的人才，数以万计的青年学生，这么多的知识人士聚集在一起，本可以激荡起更多的理想追求，波澜起诸多可贵的实践行动。而在现实中我们做得还不够，不说对社会的贡献能有多大？就是成就了自己能有几何？日复一日、年复一年，时光在没有丝毫间歇地逝去，我们不应该让理想、才智、意志、肉体也随之白白地流失。在瞬息万变的今天，如果没有了持之以恒的学习、实践、探索和勤奋，知识的折旧也是迅速的。“子在川上曰，逝者如斯夫。”圣人成就巨大尚有如此憾事。不要以环境和他人为不努力的借口，因为我们都是环境中的一员，因为我们自己也是别人的他人，我们要共同营造振奋自我和组织发展的环境。

人是依存于组织之中的，组织中物质的存在是较容易看到的，而组织中机制的存在往往是凭感觉体验的，即使物化为本本条条的东西，如果不能体现在运行中，也发挥不了作用。组织的体制、机制、工作方式，以及无所不在的组织文化，是组织的软实力。组织生产率如何？物质基础很重要，但更重要的是软实力，因为，它是依附在人的身上。当细细审视我们已经习惯了的那些规章制度，是不是都符合现在学校发展的需求？当我们眼睁睁地看到，许多人由于我们程序、规定等等，天天浪费着时间和精力的时候；当我们眼看着出现的机遇，而由于我们的部门隔阂错失的时候，是不是应该重新思考管理的问题？

事业是由人、物质基础、运行机制相互作用的结果。设施设备不能充分利用会导致组织价值的衰减，人的智慧不能很好发挥作用会导致组织价值的衰减，机制不能优化运行会导致组织价值的衰减，仅其三者就会使组织价值实现大打折扣。比如：物质价值实现 60%× 人的智慧价值实现 70%× 运行机制价值实现 80%= 组织价值实现仅为 33.6%。更何况影响组织价值实现的不只是这三个方面的因素,如果考虑其他因素的影响,组织价值实现的效率会更低。组织要素虽多，但其核心是人的智慧和积极性的发挥，因为组织的运行机制和物质利用，都是由人制定和实现的。同时，组织的利益最终也是要惠及于人的。这应该成为我们共同思考和实践的重要课题。

影响我们学校成长力的因素很多，但可以通过运行方式创新，突破解决一些结构性的障碍。二级管理实际上就是营造二级学院的自我发展能力，使其敏锐地发现机遇，把握改革、发展的时机，不断地强大自我。学校的发展是依托于学科和专业之上的，学科专业的竞争力汇成了学校的竞争力。我们运行方式的改进，就是要使管理的重心下移，集中精力专注于学科专业的自身提升，而不是过多地让一些教条、形式的东西牵扯，耗费时间和精力。这就要将资源的分配权、使用权、监督权相分离。靠机制分配学校的资源，并评价资源使用所达到的效果。由此，处室工作要由分配资源和控制过程，转化为分配资源、评价结果或阶段性结果、营造环境和拓展发展空间方面，将更多的过程控制交由二级学院执行。同时，也要通过行政和利益的手段，调度、协调、组织，实现资源的优化配置。协同创新、合作共赢是当今社会集约发展的重要方式，协同、合作可以延伸事物的价值链，取得更大的效益。如果说与校外资源的合作难度大，我们学校内部的资源整合应该容易实现，但现状却不令人满意。拓展协同、合作的渠道可以通过行政的手段整合，但那往往是细节不周，且易产生运行不畅，心生不满情绪。如果能够通过部门之间的自觉合作，就可以通过利益分配的谈判手段，建立相应的机制而各司其责，实现系统效益的提升。就是在合作中出现了问题也可以通过行政调度的方式解决之。那种囿于自我，顾及感受胜过收益的心态叫封闭。

工作都是整体谋划，分由各个环节执行，再贯通起整体的效果。许多工作没能达到如期效果或效率不高，可能多是不精致所致。决策由于调研阶段不精致，导致了决策的不优、不当、抑或失误；决策的实施过程由于对内容的分析理解不够精致，实施的方案不周、过程欠缺，也就不能达到应有的效果；过程的每一个价值活动，由于协调、执行、技术等不精致，造成了效果的不佳也是司空见惯。由于学校教育、管理、服务等日常工作生活的不精致，影响了学生成长过程的精致，就业后到工作岗位也就因为没有精致的素养，起码在初始阶段影响了学生的从业竞争力。当我们多一些精致的思考，对政策的出台多做些演练、总结，可能就会减少更多过程中的人力物力浪费，各个环节的精致就会提升工作的效果。打造精致的人才培养能力，应该成为我们学校的竞争力体现之一。

现实中许多的工作不是没有看到，也不是没有渠道，往往是没能落到实处；集思广益很重要，如果没有大家的讨论，就难以聚集集体的智慧，可能会造成事情起点的缺陷，但这只是过程中的一个环节，如果没有持续的实干，也就成了过眼云烟，抑或是过后的遗憾素材。那些市井之论更不可倡，因为那不是高校文化所为。成效是干出来的，许多的事情可能想象得很难，但当我们一步一步地干下去时，也就不像想象的那样难，因为天下难事皆成于易。就是许多想象不到的事情在实践中也会遇到，解决问题也就成为锤炼我们能力的过程。实干应该成为我们学校重要的素质。

细品我们现实诸要素，无论物质基础、人力资源、运行机制等等，真正影响我们学校成长力的最重要的结构性因素，是我们思想中那些自以为是的陈旧教条，我们不可不察。

发表于 2013 年 3 月 17 日《山东交通学院报》（总第 513 期）第一、二版。

谁浪费了我们的智慧

世界万物都可视为资源，为了实现社会需求的一定目标，就要对不同的资源进行配置，以满足人类对物质文化的不断需求。只要是资源的配置，就很难做到资源的充分利用。浪费伴随着我们的生活，盥洗间长流的水、廊道里长明的灯、餐厅里倒入泔水桶的剩饭、宿舍里长开的电脑、办公室里不尽的复印纸；设备闲置、利用率低、甚至几年都没能拆包，重复购置、重复建设，建成的大楼不能满足实验设备的安装而拆墙扒窗，在慢慢的折旧中价值殆尽；过多的会议、多头的统计、繁杂的程序、较低的效率，时间的浪费奔流不息，使我们错失了多少的机遇。本都是日常工作，可以靠我们的智慧做出调整，然而，依然固我地流淌着不尽的浪费。浪费，我之理解就是不能充分配置的那部分资源，造成资源浪费都有其原因，一部分是现有人的认识能力、技术条件等因素所限而不能达到有效的利用，是人所不能及的浪费；另一部分是能够不浪费却浪费的资源。前者在于进步，后者在于节约。智慧的进步可以使不可为而可为，可以使可为而更有为。许多的规定、规则、程序、办法等等是前贤基于当时的条件和优势所制定的，促进了当时的工作，但任何事情都是在进步的，为什么我们明知道有些东西已经阻碍了事业的发展，而我们不能改进提高？是谁偷走了我们的智慧？

智慧是不可限量的资源，我们使用了几何？市场经济的基本特点是竞争促进进步，竞争历来是靠实力的，现在也不例外，但现在对实力的诠释，智慧占据了越来越大的份额；物质是载体的优势，但真正决定胜败的因素是智慧。为什么一个落后的地区可以在几年的奋进中摆脱贫困？为什么一个名不见经传的单位可以在几年的时间里鹊起？为什么一个我们所熟悉的人可以迅速地承担大任？外在的因素固然重要，但内在的智慧起关键的作用。智慧在哪里？它蕴含在我们每一个人的脑海里，就看我们去不去发掘。智慧有多大？我们自己也不知其限量，因为在实践中智慧会不断地自我壮大，且运用的越多成长的越快。知识和智慧不可同义，知识是智慧的元素，但知识不能等同为智慧。智慧更在于发现问题、解决问题的能力，在于创新性地运用知识。知识是靠学习得来的，人的培育期很长，越是高级人才培育期越长，从幼儿园到博士毕业需要近三十年的学习时间，国家和个人财力的投入、精力的付出都是巨大的，而知识的折旧速度又是很快的，如果不能持续的学习，很快就会感到自己的落伍；智慧是知识基础上大的能力，能力也是在实践中成长的，如果不能坚持经常的实践，能力的萎缩速度也是很快的。

敏于说，而讷于做，空洞的知识就会渐渐地缺少了实践的支撑，学问的乏力也就在所难免，空有头衔，而无成果，往往是缘于此。智慧哪里来？认知自我和应用是重要的来源。认知个体的我，就能够知道自己的优势和劣势，扬长避短和勤能补拙都是很好的方式，只是视情视人而论；认知团队的我，就是要张扬成员的特长，靠相互的补充形成团队的优势；无论是对个体还是团队的自我认知，其目的是应用。应用可以使智慧翱翔于无尽遐想的空间，捕捉难得的创意灵感，如果激动人心的创意想法，能够创新性的运用知识的力量去实现，或修正的实现，那就是智慧的力量。由于应用就促成了对知识掌握的熟练，由于应用就会发现自己的不足，并敦促学习的针对性和兴奋点，由于应用智慧就会不断地壮大。应用、学习、积累不断地良性循环，自我就会不断地成长，智慧的储量就越来越多。每一个人都有自己的智慧表现方式，无论是工作在何岗位，只要潜心揣摩，都会成长自己的智慧。智慧的实现形式是成效，成效是智慧应用的产出。智慧在应用中将存储化为行动，应用将智慧的储量不断地壮大。然而，智慧是孕育在自我中，但智慧却不是储存的水，可以随时扭开水龙头就放出来；智慧需要激发、需要挖潜、需要许多元素的碰撞，很多的寻觅是在蓦然回首的灯火阑珊处。

智慧的实现是有时效性的，今天的想法很有创意，可能在明天由于境遇的变迁、技术的进步、利益吸引力的加大、新的人员加入等因素的作用，就会有许多新的创意出现，自己超前一步的创意没有实现就失去了其先进性，沉溺于对想法的留恋，只能等待着智慧的贬值；对于一些危机事件的处理就更加凸显了紧迫的概念，因为过了时间的节点，就会失去了最佳的处理时机，再好的想法也可能无力回天。智慧又往往体现了竞争性，当机遇来临的时候，可能有许多抢占机遇的人，就看谁在智慧实现的竞争中争得先机，并迅速地形成成果，当前的科技发展呈现出更加严峻的竞争态势。智慧的承载又是很脆弱的，许多创意灵性如果不及时抓住就会瞬间即逝，就是再有智慧的人，也会由于身体的退化和消亡，将终生的智慧带走。智慧的实现需要去发现来源和工作点，创意、创新不是凭空的想象，是基于一定的载体，但载体又是多种多样的，可以是思想、可以是文章、可以是项目等等，不同的阶段、不同的内容都可以承载着智慧；市场经济的魅力之处，就是都可以主动地寻求资源配置点，并尽快产生成果，机会是公平的，但机会却需要智慧去成就。

物质的浪费很可惜，常常令人们很痛心，但我们能够看得见，甚至是可以度量，可以依靠智慧来改进；而智慧的浪费更可惜，因为我们不知道智慧的存量有多少，也不知道其增速有多快，更不知道我们已经浪费和将要浪费多少，但我们可以与他人作比较，我们可以在自我反思中判断；我们更应该知道，智慧的浪费是浪费了我们的成长力，其中包括组织和我们每一个人。

发表于 2012 年 5 月 17 日《山东交通学院报》（总第 494 期）第一、二版。

浪费大多都存在于不深思之中

近段时间，我做了一些调研，主要是在围绕着学校的经费支出，对设备采购、基本建设、运行支出等方面进行的。在与大家的交流当中，我觉得有许多值得思考的问题。学校日常的工作当中，存在着诸多的浪费，使得我们的支出不集约、不经济。

如果按照支出的时间段来分析，一是事前的项目分析与论证，大多项目都分散在各个使用单位来提出自己的需求，提出投资的意见，本来就应该是这样。但如果我们提出的需求不翔实、不细致，就有可能在整个项目的后续过程中造成基础型浪费。比如对设备采购的需求论证，我们许多实训设备、实验设备的采购，大多由实验室的老师提出，由各个学院转到学校的职能部门，再转到学校的最终决策。如果需求论证得不充分，那么后续的传递过程一直到决策都可能是依据了一个不全面的决策基础，甚至放大了许多虚构的东西，决策之后就牵涉到投资的预算。预算之后，如果我们能够再重新审视我们的需求，对需求的认识更深刻和全面一些，也可以纠正决策过程、购置过程的失误和浪费。购置如果以不全面的分析为基础，当进入了采购阶段时，真实的采购就会按照不真实的需求来推进，造成浪费的花钱就在所难免了，甚至于沉淀为年年增加维护资金的不断浪费之中。

二是启动采购程序。启动采购程序首先是，要搞市场调研、市场分析，从而提出招标采购的说明书，这是采购的重要基础，也是我们是不是能够把钱花得其所的最基本的依据。可在许多的支出过程之中，我们却依据了网上查查，依着自己感受看看，做出来一个模糊或者落后的招标说明书，无疑在采购的过程中有可能虚拟或者放大了不真实性。如果我们能够依据市场的调研，聘请一些专业的人员或者我们自己反复的论证，招标说明书一定会更符合实际一些。有了确切的招标说明书，我们采购的依据就能够更充实。而对采购过程，我们也有许多的技巧，选定一类品牌，在预算内进行采购，那我们就会围绕着选定的几个品牌投标谈判，使价格在合理的位置，对品牌的认知就是采购之后使用、维护等更有后续的保障；如果简单地以最低价中标，貌似采购公平、花钱少、规避责任，但缺少了事前对许多品牌性价比的比较，就极有可能采购了不稳定的产品，造成后续维护保养等方面的诸多不便，一时的便宜实际上造成了很大的浪费，即整体投入性的浪费。如果我们招标说明书市场调研做得充分，就会对整个项目的支出有一个匡算，在参考价的上下区间实现采购，可达到使用功能。如果超出了浮动空间，就应该引起我们足够的警惕，不是价格虚高，就可能是质次价低，影响了使用质量，不要怕担责任而造成学校虚拟的节省。

三是验收阶段。采购物品的验收阶段往往不被我们所重视，安装阶段没能全过程跟踪，尤其是使用部门没能全过程跟踪，就可能造成了安装过程中的不妥当，影响了使用质量。实际上，验收仔细与否，也代表我们的专业化水平如何，即便是某一个部件不是有意地以次充好，或是无意当中更换了型号，也是有悖了我们的初衷，对我们也会造成浪费。

基本建设投资也是如此，如果我们不能够将招标书说得非常清楚，将建设的造价计算得非常清楚，而仅仅以最低价中标，也有可能会对队伍的进入等不能优中选优。建设是一个过程，建设队伍的素质如何、管理能力的强弱对整体的建筑质量影响极大，而往往队伍进入之后，就很难在过程中调整或者更换队伍，就很有可能造成建设质量不高，或者是工程变更增加等造成建设过程的浪费。慎用最低价中标，是许多建设工程中的经验，而慎用最低价中标的基础就是项目概算做得详细，依据充实。我们要明白，建设是建设队伍与学校的合作，是一种交易，是一种在交易中相互收益的过程，智慧的合作是依靠双方都能够接受的投入与收益比，如果违背了市场经济的规律对双方都不利，尤其是对业主不利，因为建设工程对业主更急需。对于修缮、改造性工程更应该从制度上建立保障投入的效益，许多时我们对一些小的修缮性工程的安排过于简单随意，如只是说明了要干什么事，而没有说明如何干，质量的标准是什么，投入多少，过程的资料没有留下，审计又无从下手等等，往往使小工程因组织实施的不精致，积小造成了大浪费。现实中，有许多的修缮工程过度修补，一小处房顶漏水，掀了这个房顶修理。其实，项目的初期原因调查分析很重要，这需要我们自己去做，而不是让施工队来做。我们这么多的类似项目，如果不能够从整个价值环节上做仔细，就可能会有财富不断地从缝隙中流失。提高投入效益，就要从机理分清资金的构成，比如一些项目经费不能列支调研经费，往往就容易形成闭门造车的建设方案。一个缺乏充分论证的方案，在后续的推进中造成浪费也就难以避免了。所以对一些投资必须切划调研经费，并将调研经费的支出列入重要的考评内容，看看是否花得其所，这将有利于整体投入的效果。

同时，我们也要规范投资过程的运行标准，比如说制定各类招标投资的运行机制，对重要节点要有明确的指标要求，要制定招标说明书的各类模板，至少要在这些模板中有更加详细的材料说明。制定评审专家的组成结构，避免门外汉充当专家而成了走过场，真正地使专家的意见更真切。我们也要进一步完善投标竞赛、市场竞争谈判等多种方式的协同使用，招标是投资当中的办法之一，而不是唯一，只要我们处于公心，经过其他的采购方式，无疑也是非常有利的，当然，采购的方式也要依据权限来确定。

其实，学校的许多投入存在着关注投资前的争取，而忽略了投资后的效益分析和考核的这一现象，有一些服务外包性工作，存在着重岗位编制，轻岗位职责，缺岗位考核等等怪态，这也许就是劳务费支出不少而一些工作没有到位的原因所在。精致化是我们学校的战略举措，是其中学校竞争力的优势之一，我们不可不落到实处。

“认真”是真的吗？

——与小松中国投资有限公司总经理王子光先生交谈的启示

山东交通学院工程机械研究所承担着对小松工程机械中国市场服务人员的培训任务。去年的一天，小松中国投资有限公司总经理王子光先生亲临学院，为即将完成学业的学生举行毕业典礼。王先生曾在中国国企工作，后来加盟小松，能够任职日企中国公司的总经理，足以看出其功力非凡。借等候会议之机，我与王先生做了短暂的交流。寒暄之后，我向王先生提出一个问题：为什么小松产品在中国具有这么好的市场竞争力，而且在国际市场上也有较好的业绩？王先生谈了小松在中国的许多业绩，认为小松能够取得较好的发展，关键在于小松的技术创新速度很快、企业管理做得很好等许多时下经常谈论的概念；我赞同但又感到不尽然。我又进一步地询问：技术创新在中国的企业也在不断推进，企业管理也有诸多的理论和实践，但是为什么达不到小松产品那种市场竞争力，尤其是产品质量水平相距较大？王先生沉思了一下，突然告诉我，是不是问题出在“认真”两字上。他说，“认真”是中国人的传统美德，但现在好像被丢弃了，虽然中国的许多企业处处表明要认真做到怎么样怎么样，实际上，“认真”是真的吗？可能大都是口头上的“认真”，而小松的“认真”却真的是认真。

他告诉我一些做法，比如说，在每周的例会上，各个部门都会反映出一些需要解决的问题，对于这些问题，会议上能够解决的就立即解决了；对不能即时解决的，都会明确地责成有关部门或个人限时解决；对于一些解决不了的问题，则会反馈到日本的总部，总部一定会给予明确的答复。无论出现什么问题，小松总会有明确的解决问题的方案、办法，一定会及时反馈到问题出现的地方；小松在不断地发现问题、解决问题，所以始终在不断地成长。

“认真”的解释对我触动很大。实际上，在现实中我们对许多问题不是不知道，不是没有发现，而是没有去解决，空谈时常替代了实干。由于我们没有正视那些已经出现的问题，才使这些问题由小酿成为大，进而又可能引出了其他的问题，甚至衍生出“破窗效应”，腐蚀了人们的进取心，影响了事业的进步。

近日，我又看了小松株式会社前任社长坂根正弘写的《小松模式》这本小册子，感受就更深了。其中他举了一个例子，康明斯公司与小松合资成立了一家公司，并在日本和美国的工厂同时生产康明斯设计的柴油机。刚开始时，由于两家工厂从图纸到车间布局都完全相同，所以各方面都没有什么差距。然而五年之后质量水平出现了极大地差距。原因在于，在日本的工厂里，每一天都在提出遇到的各类问题，并不懈地解决问题；企业一天天在不知不觉地演绎着成长；五年之后，这个在日本本土的企业有了脱胎换骨的变化，成为了极具市场竞争力的企业。而在美国的企业依然如故，还生产着五年前的产品，实现着五年前的产品要求。看过此书引起了我不尽的思考：日日新，如何成为我们的行为方式？

近日，我随机询问了去年和近期的院长办公会的决定执行情况，结果令我汗颜。执行缓慢者有之，甚至根本无进展者有之。院长办公会确定的事情，从发现问题，到对问题的调研，进而做出决定，均有较为充分的酝酿过程，是对学校发展应该做、能做到的事情；而决定做出后，工作却在执行的层面滞留，形成了“肠梗阻”，发展由于执行没能到位而错失了有利的时机；问题由于没能及时解决成为了沉积，甚至衍生为顽疾。让人不得不反思，我们究竟是怎么了？

近日，对教学工作的专题抽查也反映出了许多问题。教师随意找人代课者有之，随意调整上课时间者有之，迟到、旷课的学生有之，设备不能保证使用者有之……严肃的教学工作被些许随意而亵渎了。教者之教、学者之学是本职，不能履行职责是对时光的浪费，永无可逆之理。

这些情况让我悚然，感到了学校发展所面临的来自于我们自身的问题。

任何组织的成长，很重要的因素在于生产率的提高，即单位时间的绩效提高。当我们在规定的时间里没有完成预计的工作，就谈不上增长，甚至可能是负增长。我们正处在飞速发展的时代，成长的竞争，对每一个组织、每一个人都在时时地提出严峻的挑战；不能够有效地成长自我，就会折扣自身价值的实现，对事业将会失去难得的发展机遇。我们正在努力打造精致的人才培养能力，本职工作尚且完成不好，何谈“精致”二字？我想，打造精致的人才培养能力，认真将是我们不可或缺的实现工具，如果我们从认真入手，对每一件事都以严谨的态度对待，虽然看似事情进展得慢一些，实际上却是在踏踏实实地不断前进，日积不足，月积有余。

看来，“认真”应该成为我们工作的基本要求，应该成为我们思想观念转变的基础。

理念化为行动

在组织的发展和变迁中，理念起先导的作用。理念大都成于细微，可能本就是灵光一念、火花一闪，恰恰被抓住就可能促生了理念；如果理念又能把握规律，站在了事物发展的前沿，或代表了团队的心愿，理念就有了推广的价值。然而，理念化为行动，却是一个复杂的过程，境遇甚多，主要可分为：其一，理念没有被大家所接受，出现了严重的水土不服，新旧观念的冲突可能造成思想的混乱，结果就吉凶难卜；其二，理念不乏激动人心，号召、文件、会议等做了许多，但只是浅尝于人云亦云，在组织的惰性中被慢慢地消耗，剩下的只是无关痛痒的轻描淡写，见事早而行事迟，眼看着机遇从身边流失，留下了不尽的遗憾；其三，理念的丝丝清香，徐徐地滋润了组织的躯体，沁入了大家的心扉，变为了自觉的行动，在实践中集体的智慧不断地光大了初始的理念，形成了理念的波涛汹涌，成就了事业，当然，这就是我们想看到的。

理念怎能化为行动？让理念流动起来，流向组织的方方面面，工作的各个环节。工作岗位是已定的，从业人员的思想是可以交流的，理念的流动就有流入和流出两个方面，流入人的心田，就可能鼓舞人的士气，激发人的智慧，以一种思想的东西启动自身原有心理资源；如果理念不只是流入每个人的心田，而且又从每个人的心田积极地流出，那理念的强大价值作用是不可估量的。从流入到流出是每个人对理念进行再加工的过程，就可能赋予了每一个人思想工作生活等需要彰显的东西。当我们在一个主导的价值理念指导之下，使其不断地在每个人的心田流入流出，价值理念就会形成丰富内涵，发挥其主流价值观的作用。无论是在现有理念基础上的发扬光大，还是在原有基础上创新发展形成新的价值取向，还是颠覆现在的理念而创立了崭新的理念模式，无论是知识内容的延伸，还是工作绩效的改进等等，它都可能带来智力资源的优化配置，就可能形成组织的共识，逐步强大组织的内驱力量。流动是多维的、也是可逆的，组织内部的流动，有组织行为、非组织行为，组织外部流动有许多的层面，只要流动就可以将理念放在更大的范围进行评价。如果在流动中理念得以凝练，凝结为集体的智慧，就能够长久地沉淀于组织中，变成组织的文化。文化景象万千，是不断地沉积和演化的，能够经得起地久天长的暴晒，又能依然芬芳的文化，就是组织的灵魂，是组织生长的根，是组织竞争力之根本所在。但颓废的文化对组织的阻碍作用也是不可低估的，也是我们应该高度警惕和努力摈弃的。

理念化为行动，就要有化为行动的举措。组织的顶层设计，都可以出台工作的方案意见，谋划出许多的内容、措施、步骤。开会是现今我们习惯了的开展工作的方法，重要意义、统一思想、任务措施、组织领导等等都是很好的表达方式；然而，其理念是否能得以支撑，要看内容是否落地，其表现是能否融入层层岗位，落脚在一线操作的层面，内化为实际的行动，变为工作成效。成效，许多是能够立即看到的，如改善工作态度，我们近期感到的门卫立正、敬礼就是一例；但更多地是要经过阶段性的努力才能展现，如人才培养质量的提升，但实现绩效过程中的变化，是他人可以觉察到的，其心理感受也是自己能够体会到的。一味地照搬理念，那理念就是死的，理念的激励作用和内驱力就没有彰显出来。如果我们的大学也按照工业设计那样的严格地按照工艺流程推进工作，可能就变为了工厂，它就不是大学。大学就是要培育成长的氛围，提炼促生成长性的要素，成长人的智慧，培养彰显人智慧的能力，而大学自身更要成为成长的平台。

理念化为行动，只有工作的组织和安排是不够的，还需要有反馈，健康的反馈能力是执行力的重要的保障。许多时候，工作的战略部署并不是没有到位，也不是大家不明白其中的含义，往往是由于层层的执行力的衰减而造成工作不到位。任何的理念，如果囿于决策层面的激情亢奋，而不能化为具体的行动，那再好的决策也是昙花一现，不能够根植于组织的基层，就没有生命力。反馈涉及很多领域，决策的正确与否、执行力能否渗透到一线等等，对反馈的信息，我们是作为对情况的知情了解是一回事，如果是对动态的细化的改进又是另一回事，我们强调的是反馈信息动态的具体改进。内部的反馈由基层一层层反映到决策层，决策层再研究出台对问题的处理办法，落实到操作层，这是通常的反馈方式，可能更加关注的是组织价值链的协调，是工作团队的自身感受，大多是对组织整体效果的协调性评价和团队自我的评价。但关键的是一线工作效果的反馈，服务对象评价的反馈，如：绩效考核信息通报。

任何组织都是通过其产品或服务去满足外部的需求，实现自身的生存。优化组织的功能，不是管理者表白的怎样，而是对外服务的触点被客户评价的怎样。对于产品或服务的评价最有说服力的是被服务者，而与具体的被服务者打交道的往往是组织中的局部或个体，更多的是一线的员工。再好的理念如果在操作层面变了味道，理念就只是空谈。组织内部与外部是一个相对的概念，学校之内是内部，之外就是外部，一个处、科、班级之内就是内部，之外就是外部。组织外部的反馈，可能更多地是具体的事件，可能是细节问题，可能是随机的感受，如果能够及时解决反馈的问题，可能就是组织重要的绩效增长点；许多具体事件的背后，很可能隐藏着普遍性的东西，就需要对具体事件进行归纳和概念的总结，指导基层的执行力。可怕的是有了反馈没有回音，甚至是不作分析的以种种理由敷衍、遮掩发生的问题，慢慢地就可能演变成祸根。

理念化为行动是一个动态的过程，组织是在动态的发展背景中生存的，组织内部的因素固然重要，而组织外部发展的背景，是组织必须面对的生存条件。市场经济本身就在不停地以市场的手段配置着社会的资源，而这种配置是丰富的动态的，因而任何一个组织生存的条件也是动态的，所以理念也是在不断地变化，组织的目标指向是一定的，实现目标就要根据组织不断变化的外部环境创造性更新理念。因为社会的发展永远是机遇与挑战并存，只要我们能够抓住机遇，并敢于挑战机遇，敢于挑战自我，就有取胜的可能。而机遇和自我相比较，更大的挑战在于自我，因为人类的惰性，人类的恐惧心理是无处不在的，而这种惰性、恐惧心理等因素，极有可能成为我们失去机遇的隐性因素。所以挑战自我对于每个人就更有其真实的意义。

理念化为行动是实践的过程，理念是思想的行动，行动是运动的理念，只有两者相伴相随，相生相长，才能促进事业的长青。理念化为行动，对组织是这样，对个人也是如此。

发表于 2012 年 4 月 17 日《山东交通学院报》（总第 491 期）第一、二版。

社会的发展呼唤着管理水平的提高

(2011年12月30日在管理学院揭牌仪式暨管理大讲堂开幕仪式上的讲话)

今天是管理大讲堂第一讲，因为在交通学院开讲的缘故，由我来进行第一讲，其实今天我们在座的各位专家，大都是驻济高校的管理学院院长和科研院所的领导，已经代表了我省管理界的水平，我不知道是否能代表我们国家的水平，不过我知道一定是能代表山东省水平的。

今天我讲的题目是《社会的发展呼唤着管理水平的提高》，我想分三个方面来讲，第一，社会发展需要管理水平尽快地提高；第二，我对管理的理解；第三，我对管理教育的一些设想。

下面，我先讲第一个方面。因为我个人工科出身和工作经历的缘故，走访参观了很多企业，至于多少企业，我现在没有确切数字了，1998年时我曾经做过一个统计，我曾经到过1300多家企业去学习和考察，之后在工作当中分管过经济工作，正在做学校的管理工作，所以，我深感中国经济和社会发展到现在确实不易，中国经济经过改革开放短短的三十多年的时间，跃升为在世界位居第二的经济大国，彰显了中国人能做大事的气魄、决心和能力。但是，经济和社会的发展进程中，总会不断地遇到一些新的问题，以经济为例，我们国家经济的发展已经具备了很大的经济规模，但在这种宏大经济规模基础之上的经济质量是不是那么令人满意呢？我看，这也是目前在我国经济界乃至党政领导关心的一个重大问题。经济发展不集约是摆在我国经济发展当中的一个大问题。所谓不集约，就是投入产出的效益没有达到预期的要求，这是经济发展过程的一个阶段，它不是我们战略性的错误，只是经济发展难以逾越的阶段，但是，能否让这个阶段缩短和能不能提前度过这个阶段？我认为管理在其中承担了非常重要的作用，是不可替代的。为什么我们国家大政方针提出了转方式、调结构的经济发展新谋略？我想，实际上是提高经济发展的质量。调结构和转方式，转方式转的是什么？转的是经济增长的方式，由过去的规模增长转为规模与效益并重以效益为先的增长方式，这种增长方式是资源集约发展的增长方式。为什么要调结构呢？我想也是调整经济发展的结构，经济发展的结构是一个宏观的课题，但是，它又无不存在于微观之中。比如说，从大的经济结构当中我们会看到第一产业、第二产业和第三产业的结构，从大的经济学概念来说社会上各个行业都将囊括在一、二、三产业之列，一产主要侧重于农业，二产主要侧重于工业和采矿、供暖等等一些领域，三产主要体现在服务业，就是政府机关和学校都是三产之列，只是在我们国家谈及第一、二、三产业时，它更多地是谈论经济领域的一、二、三产业，实际上社会各界都应该包括在其中。那这个结构在我们国家是不是应该加速调整呢？也是我们中央所谋划的问题。

那么，我们纵观发达国家的经济结构是什么样子的呢？我们以美国为例，这资料是我很多年以前看的，它一产的总值占国民经济的总值的 5% 左右，二产是 30% 左右，而三产在 65% 左右，有的时候要超过 70%。三产的发展是经济发展的一个重要的指标，而我们国家是一个什么样子呢？我国的第一产业比例在 20% 以上，二产占到 60%~70%，各个地区不等，近几年我们国家的三产到 30% 左右，二产大，三产小，不是我们的经济规模不够，而是我们的经济增长方式不够所造成的。所以调结构，从我们国家大处说是在调整经济增长的结构，也就是一、二、三产的比例，由此国家提出了大力发展服务业尤其是现代服务业，还有发展文化产品，建设文化大国的目标。我想，很重要的也是从经济上分析调结构所需，随着经济发展到一定的水平，社会的发展应该回归到对人类更好进步所起的作用上来，所以，调结构对我们的经济发展来说是一个大事，这是从宏观的方面来讲。

而从每个微观来讲，是不是也有一个结构的问题？我们以一个企业的产品为例，它从一个低层次产品慢慢过渡到有较好竞争力的产品、具有很强竞争力的产品，是不是产品的结构也需要调整？产品结构调整的过程是不断的，因为社会的需求决定了产品在社会上的定位，由于随着需求在不断地变化，所以产品也在不断地变化，是不是应该不断地调整产品各个性能的要求？因此，对各个企业来说也有一个结构的问题。社会的需求有对需求的满足和创造或引导需求的问题。为什么乔布斯这样一个人物的去世，会在全球引起那么大的震动呢？我想他的作用不在于乔布斯怎么样，而是乔布斯所创造出的理念，带着产品的变化引导了人类的生活方式和工作方式的变化，以 iPhone 手机为例，当时手机只是一个通信的工具，但是乔布斯的思维方式有一个变化，把手机变成一个娱乐的工具兼通信的功能，是不是思维方式发生了很大的变化？所以，由于他的变化使得手机成了一个娱乐的东西，兼有了一个通信的功能，因而又带动了计算机的很多变化，尤其是一些新的计算机品质的变化，出现了一些新的产品，这就是产品的创新引导了消费的走向，乔布斯是这样一个创新型人物的代表。

在经济发展的过程当中，以美国的硅谷为例，它的产品是日新月异的变化，速度极快，而且承载这些变化的人是一些年轻人，尤其是引领了网络的变化，看看IT领域的领军人物是不是大都是一些年轻人，比如微软、Facebook等等，是不是都是一些年轻人在大学读书的时候或者没毕业或者在读硕士、博士时他们创造出这样的产品？这样的产品优化了对社会的服务，其资产聚集的速度超乎寻常，几年的时间就会上千倍、上亿倍地变化，这就是产品的变化所带来的财富的变化。而引导这些变化的是管理的问题，因为管理是将资源进行优化配置，管理是彩线串着资源的珍珠产生了效益。

那么资源是什么呢？人力资源、实物资源都是资源，资源的形式是多种的，但可以简单地分为两类，一是人力资源，二是非人力资源，人力资源之外的资源即非人力资源。如果把组织资源单独列出的话，我觉得是不合适的，因为人就在组织之列，无论是什么组织，人都是在组织之中的。由于组织的媒介的作用，将很多的资源聚集在一起，媒介中很重要的表现形式就是钱，很多资源都可以用钱买来，而如何使资源的聚集方式产生出最大的效益是管理，所以发展问题是一个管理理念的进步问题。如果能从经济的发展和社会的进步来看我们这个国家的话，那么我们管理方面需要提高的东西就太多了。

从我们国家的组织形态来看，第一个是企业，包括各类企业；第二个是事业单位和社会性组织，包括学校、医院、各类协会等等；第三个是政府。纵观这三个方面，我们可以看到企业的发展走在我们国家管理的前列，所以我们常常的把管理狭义地理解为企业的管理，实际上管理是一个宽泛的概念，它不只是对企业的管理，但是，由于企业在市场中激烈竞争的态势，使得管理的重视程度得到了显著的提高，因此在工商业中管理因素增长的更快。那么事业单位是不是需要管理呢？我想，更需要管理，因为在我们国家，事业单位凝聚着一批优秀的人才，聚集着很多的资产，那么是不是发挥了应有的效益呢？以我们山东交通学院为例，还远远没有达到应有的效益程度，我们学校有1200多名教职工，有17000多名学生，它是一个智慧的宝库，在这里凝聚着一批人才，是不是我们的智慧都发挥到了淋漓尽致？我想远远不是！是不是在这个群体之中我们学生学习的积极性能全面地展现出来？我想远远不是！可能你用在学习上的精力，用在成才上的精力仅仅占了精力的很小一部分。那么实物资产就发挥了效益吗？我想也不是！我们有多少实验设备，数以亿计的实验设备在发挥着非常低的利用效率，说到实验，可能一个星期就安排三四次实验，其他时间都在闲置着。设备每天都有折旧，折旧就是资产价值流失，因为实验设备的使用年限是一定的。现在科技水平的提高更加速了设备淘汰的速度，这些设备大都没有很好地、充分地利用起来。为什么？因为我们管理的手段不行，管理的理念不够，管理的技术达不到。

刚才是以山东交通学院为例，而在我们国家有多少所高校设备在闲置？我想，惊人的浪费是不可想象的，我们想，管理大讲堂就是要解决一些实际的问题。其实，政府也是这个样子的，我们的政府非常努力，政府的官员很辛苦，大家不要认为政府官员就是一个很好的差事，实际上政府官员是一个十分辛苦的差事。那是不是因为这些政府官员很辛苦，就发挥了政府在社会中的中枢作用了呢？也没有发挥得很好。因为社会的资源配置过程，政府起到了很重要的作用，一个决定可能在某一个方面起到了很好的推动作用，反之，也可能抑制了另一个方面的发展。

我举一个现在的例子，我们国家房地产过热使得老百姓购房难，房地产是一个经济的事情，应该让市场来决定发展，但是市场的竞争也要服从于政治。当房地产的问题对一个民族的稳定有影响的时候，无论谁主持中央政府也不会坐视不管的，中央政府立刻采取了措施，紧缩银根、存贷款利率提升等调控措施就出台了。实际上，在我们国家金融工具应用的作用不是太明显，因为我们国家民间有过多的资本，在私下流通着。在发达国家，0.5% 利率的调整就能使经济引起很大的震动，为什么格林斯潘掌舵美联储的时候，调整存贷款利率 0.1 或 0.2 的幅度，就会发挥很重要的经济调整作用。而为什么我们国家采取了这么多的措施还抑制不住房地产过热的问题呢？因为我们有一个金融业发展的过程。还抑制不住房地产过热怎么办？政府出台限购令，我想，当限购令也解决不了的话，中央政府肯定还会有办法的。

从经济上说，房地产是拉动经济的一个重要的领域，为什么要抑制呢？因为是为了更好地可持续发展，为了社会的稳定，中国经不起折腾，宏观调控的作用就非常大。调控是什么？调控就是管理，是管理的手段，方方面面昭示着社会的发展要求加速管理水平的调高。如果我们的管理水平能在观察到未然，就能采取一些微调的方式效果可能更好。管理是一个软实力，它不是一蹴而就的，需要一个民族慢慢地觉醒，需要一个文化演进的过程，社会的发展呼唤着管理水平快速的提高。

第二个问题，我对管理的理解。我一直用彼得·德鲁克曾经说过一句话来思考很多的问题。他说："管理是配置资源的，资源如果没有管理来做配置，它将永远是资源，不能变为生产力。"管理在资源配置中的作用就显现出来了管理水平的高低，因为是配置，就有一个配置水平的问题，就有一个配置结构的问题。所以，对管理有不同的理解，我想也是正常的。很多人说管理是艺术，很多人说管理是实践，很多人说管理是科学等等。作为理论的争论，从某一个角度看我都赞成，但是任何事物都有个人的理解，我认为管理就是资源配置的结构和实施结构的方式。实际上，管理就是在配置着资源的结构。

拿一个国家来说，国家在配置着它所具备的资源和能够争取的国际资源，而资源有人力资源，有非人力资源，是围绕着问题在配置这些资源。同样对一个省、一个企业也是一样的，一个企业的老总为了企业效益更好一些，可持续发展能力更好一些，在不断探讨着自己的产品在市场的定位，在探讨定位的同时发现着市场需求的变化，由这些定位和变化来指导企业发展的战略，由战略制定发展内容，再由这些内容制定实现目标的战略措施，由此形成了产品的结构，形成了自己的采购、生产、销售、物流等等一系列的价值链。

有很多管理学者提出的价值链的概念我认为是很有道理的，比如说哈佛大学有位教授叫迈克尔·波特，我读过他的中译本著作有《竞争优势》《竞争战略》和《国家竞争力》。他对价值链的描述非常清楚，基本价值链由内部物流、生产、外部物流、市场销售、售后服务等组成，围绕着基本价值链形成了辅助价值链包括采购、技术开发、人力资源管理、基础设施建设等，把一个企业各个环节的价值都囊括在了这个价值链当中。是不是每个企业都该这样考虑自己的价值链呢？那要看企业家的理解如何。不管表述方式怎样，其基本的要素不外乎这些，可能是各个要素的结构位置有所变化而已，也都是管理的着力点问题。以董事长的精力为例，也有一个结构的问题，这一段时间他把精力过多地放到市场上，精力投入的结构多一些关注市场，其他方面投入的精力就少了些，精力的结构发生了一些变化。这段时间企业内部发生些问题，他把更多的精力放到解决企业内部问题上，他的精力结构又发生了变化。对一个人来说，就是对自己的某些方面的资源进行了结构性调整。任何事情都是一样的，厨师会为了自己烹饪水平的提高，饭菜好吃，会使用很多佐料，是不是就是结构啊，他又会掌握了一个火候，火候就是加工过程中火的掌握，他用刀口切菜切得怎么样？也是在配置着资源，这是一个岗位的工作管理。

我们的祖先比我们更聪明，说一些大道理，用小例子解释，如“治大国如烹小鲜”，治理一个国家和炒菜是一样的，道理是一样的，哲学的意义是一样的，只是管理的内容不一样。管理就是一个结构的变化问题，是一个资源配置的方式。既然是一个结构的变化，那么，我们就谈谈结构的问题吧，结构是什么？我认为结构就是资源的分布形态，是两大资源：人力资源、非人力资源，以及两者结合的状态分布。非人力资源显而易见，大家都看得见摸得到，人力资源是蕴涵在人类自己身上的，但往往是挖掘得最不够的。西方哲学有个观点，把人分成了两个世界，一个是肉体的世界，一个是精神的世界，是指二元世界，有好多哲学的理论是这么说的。无论哲学上是一种什么样的表达方式，它把人精神方面和人肉体方面分别来考虑，又有机统一是有道理的，因为人的能力很重要的是依附在肉体之上的智力水平的展现，没有肉体也就无所谓智力了，但是有了肉体的强壮也不一定就能取得更多成果，知识经济的时代，无疑更重要的是智力，所以，时代发展的关键是智力资本快速增长的问题。

那么智力在哪里？在我们脑子里，在我们心里，在我们的学习过程当中，在我们的实践过程当中，限度是不可测量的。我们个人有多大的能力，大家知道吗？回答是：说清楚也难。我当院长之前不知道自己能当上院长，我觉得自己水平很低，但是，这些年我一直在不断地努力工作，兢兢业业，时代慢慢把你给发现了，组织把你任命为院长，当然，即便是当了院长，能不能干好还要经过实践的检验，我还要继续努力。同样的道理，我们在每一个岗位上工作，是不是都能够充分地发挥应有的作用？更重要的是组织管理的问题。把一个组织的行为规划好，制定实现岗位职责的程序是基础，但更重要的是要建立能把人的智慧展现出来的平台，通过管理水平的提高把人的智慧充分发挥出来。通用公司曾经有这样一个例子，在二战期间，为了完成一个战略要求很高的配件，那些工程师们设计师们反复演练、绘画出图，但是就是加工不出来。设计师们带着这个问题到加工现场，被一个老技师解决了。后来，老技师告诉管理者，你们只是花钱雇了我的手，而没雇我的脑子，只是想让我怎么干活，没想让我创造性地干活。在我们的企业中类似的问题可能更加严重，智力的发挥差得很远的，其实质是反映了组织的管理水平问题。任何组织都应该挖掘我们的潜力，如果我们这样一个民族每个人都迸发一种创新的意识、一种进取的精神，民族的智慧力量就太大了，会形成另一种民族发展的态势。同样，一个单位也是这样，如果我们交通学院每个师生员工都在想着如何创造性地、更好地完成自己的工作，那么我们学院的明天将会更加美好。

当下，我们大学的作用发挥得很不充分，以教育者为例，什么是教育者？教育者无疑是在学校从事教育的工作者，我认为在学校的每一个人都是教育者。教师在课堂上讲课是教育者，在社会实践中，实践老师也是个教育者。我们到食堂去吃饭，食堂的师傅也在从事着教育的工作，他也应该是一个教育者，因为他的行为将要影响到我们每一个学生，我们每一个保卫人员都应该以教育者的身份展示在校园里。在学校里，如果我们老师讲得很好，到校园里见到的是怒目圆睁的管理者和工作人员，那这个教育的后果能够好吗？不会的。麦克斯咨询公司对中国的高校及毕业生做了一个调查，最好的学校毕业生对学校说好的都不超过50%，推荐别人来母校上学也没超过50%。说明一个什么问题呢？我们的教育是有缺陷的，那是不是一个资源配置不好的问题？这是不是有一个管理的问题？当然是。那么发现了问题我们该怎么改进呢？这也是管理的问题。所以，管理是一条彩线，串着各类资源的珍珠，串的方式不同、设计的结构不同，会呈现出五光十色的景象。将管理的真谛应用到每一个岗位、每一个组织、我们每个人身上，任重道远。

我们每个学管理的同学，如果能用管理的理念来规划自己人生的话，是不是活法就会变个样子？业余时间，你是怎么度过的？你是拿出更多的时间来读书，还是更多的时间用来闲聊，还是在无所事事的消磨呢？时间对每个人都是每天24小时，如果你在这24小时当中，能用更多的时间来读书和讨论问题，你的进步就会更快些。我给大家提个建议，不用太多，如果你能保证每天读30页书，再少些，10页书，当然是保证自己在完成自己任务的基础之上仔仔细细的读书，十天的话那就是300页或100页书，30天那就是900页或300页书。我们现在市场流通的书超过300页的不多，一个月能认认真真地读下3本或1本书，那一年就是36本或12本书。也许一天感受不到效果，一个月也感受不到效果，但一年下来你就会感受到明显的进步，终生这样学习收益就匪浅了。如果你读的书是一些经典著作，优秀人士的思想、高深理论的学习，是不是自己认识问题的层次就会更高了？你能做到吗？我想如果我们每个同学都这么做，时间长了你就会真切地品味其中的甘甜。当然，如果我们管理能结合一些具体问题来思考的话，是不是你的思想也会变化？是不是对问题的理解程度也会变化？所以，管理是一个大学问，我们学习管理的学生，应该学会用管理的理念分析和解决问题。

第三个问题，我想谈谈对管理教育的一些看法。关于管理教育我看了文章，专家们的意见各异，我很赞成亨利·明茨伯格关于对管理教育的说法。他写的一本书叫《管理者非MBA》，谈了一些自己的想法。如果管理学家有两大类的话，第一类是大众版的，比如汤姆·彼得斯，彼得·德鲁克等等，他们从实践体会、管理咨询等起家，进而进行哲学的思辨。再一类就是学者版的，比如说赫伯特·西蒙、沃伦·本尼斯等学院派，都有很多著名的人物。我想亨利·明茨伯格是横跨这两类风格，他既是一个学者，又是一个能把自己的思想转化为大众化的语言传播的人。他说，现在的管理教育将管理当作了一门计算性的学问，就是无论什么东西都按照一定的公式、一定的理念、一定的模式来描述管理的问题，这其实有许多的不妥。如果是自然学科的一个专业，这样靠计算来描述，他赞成。他举了一个例子，医生通过不断学习，做实习医生，进而开刀做手术，无疑是非常必要的。但是管理者不一定，他说，没经过训练的人很难去当医生，一个没经过医学训练的人是不敢给别人做手术的，只有医生才能去做。但是，没经过管理专业训练的人去做管理者，并且做出非凡成就的人是大有人在的。这说明，不能把管理当成纯粹的一门专业，或者说不能等同为我们的自然科学。不能说它不是一门社会科学，但起码不能等同于自然科学，这是他的一个观点。他的另一个观点，管理者不是什么英雄，不是哪一个企业家做得非常好就是民族的英雄、就是一个英雄人物，这样的教育方式也不好。他说，管理更是一种参与，参与进去，把管理的东西提炼出来。如果是真正地参与了，那就对管理实践、体会有一定的了解。

我们的学生没有参加实际的工作，又没有管理的经验，即使有的话也就是三年两年的，怎么能领会到这些东西？怎么一下子就能培养出管理的精英来呢？至少优秀的管理者不是考试看出来的，而是在实践中成长起来的。因为我不是管理学的学者，我只能算是一个管理实践者，或者说对管理的理论有点爱好的人，但是我听过很多学校的管理课，是把它当成数理化或者工程类专业的某门课来教的，我想这样对管理者的培养是有误区的。为什么呢？因为很多知识要变化成自己的东西的，如果这些知识不能化为自己的东西，那说出来就是僵硬的，对管理尤其是如此。因为，要面对的管理境况是千变万化的，而且管理永远永远不能有最好，只能说是比较好。大家试想，同样的一个学校，我当校长的时候是一种什么管理方式，代表学校党委、行政对资源进行配置，换一个人又会怎么做？谁好谁差，各有不同的方式，任何的岗位都是这样子。对待同样的一件事，不同的人都会有不同的看法和处置的方式，所以我想管理没有一个最好的方式，永远是一个比较优势的假想。

那么，对管理的教育是不是能够把管理的精神作为去学习的真谛呢？这是我们管理学专业的教育者和学生们应该时时关注的一个问题。能不能把教育的课堂变为实践管理的课堂，我认为是可以实现的。那就看我们有没有创新的精神，能不能把管理精神引入到我们正常的教学、生活和课堂当中去。如果把课堂当成一个管理的事件来管理，我们的老师是在配置着课堂的资源，时间、人物、传授的知识、接受程度等等，当作一个管理的事件来组织，这个事件就要有目标，有内容，就要有实践的参与者，既然我们能把每一个课堂都当作一个事件来进行，那么，我们就能把大学的每个学期作为一个管理的周期，把大学四年作为人生成长的时段，是不是就能把我们管理的精髓加入到人才培养中来呢？我想是能够实现的。如果我们还是把传授知识，就是仅用书本来教课的话，还用过去的那种考试方式，考察谁的记忆好，谁多复习了几天来看成绩，我想这也不是我们管理的作为。能不能以管理教学的改革做一些尝试，我觉得管理学院应有所作为。

将管理的教学与实践结合起来是我们需要做的，我们日常生活中都是小事，如果我们能把管理的教学真实地融入到社会的管理工作之中，那就更不容易了。我们的社团是不是管理的一个组织？我们参与了企业的实习是不是社会实践的一个过程？如果都能将管理的精神在具体事件中进行显现的话，我想管理的教学就不会是这个样子了。当然，我们需要考试，我认为这种答卷子的考试不是很全面，我也没想到更好的办法，这待大家能创造性地解决。这是什么，就是管理的创新。所以，有两本书请大家关注一下，一本是汤姆·彼得斯的《追求卓越的激情》，对管理做了很多哲理性的思考。其中有一点，他说，人要敢于打破自己思想的疆界，因为人的认识是要受到自己人生观、价值观等的制约的，迈出了思想的疆界，实际上是人冲破了自我的约束，认识问题的角度就可能发生了变化。那我们能不能打破思想的疆界呢？关键是我们的学习内容能不能打破。还有一本书，美国学者加里·哈墨的《管理大未来》，对思想的构架进行了讲述，主要是描述我们基于现在基础的思想，转化为在新的思想认识基础之上的思考构架，思想疆界的拓展构架了一种思维方式的问题。无论从哪个方面看，都是将人的智力资本发挥得更好的问题，我想我们的管理教育也遇到了这些问题，需要我们在实践当中创新。

这只是我自己对管理的思考和片面的认识，在专家们面前不能成为体系更不能成为知识，算是跟同学们之间的一种交流吧。

文化的作用和反作用

文化是人类社会在长期的生活、学习、实践中逐渐形成的相对稳定的东西，往往对人们的行为方式和思维方式有着很重要的影响作用，甚至是难以逾越。

凡事都有正反两个方面，文化也不例外。一方面是文化的相对稳定性，即文化已经形成，就可能对社会或群体产生积极的作用。文化的积极意义是显而易见的，能够促成群体认识的共识，容易达成一致的意见，可以赢得一个组织的稳定，可以形成组织共同的目标，共同目标的实现过程，也会进一步加深文化的作用。由于文化作用的共同性，使相对固定的群体往往容易形成相近的认识水平，许多方面也起到了思想的共融作用。文化可以过滤许多不良的事情，因为一个组织、一个民族的文化，是经历了历史的探讨、进化、凝练而形成的，往往能够形成对许多不良风气的抵制和反对作用。文化其潜移默化的渗透作用，许多时候都是在人们不知不觉的熏陶中实现的。文化的作用，可比喻为组织内交融着各种元素的雾，每天都萦绕在人们周围，可感受、可描述的无处不在的雨露着人们，任何人只要在组织中生存就会被熏陶，而组织内人们的一言一行都又会化成雾的新元素，充实在组织之中。如果组织的文化非常强大，无论你来自何方，都会靠雾蒙蒙、湿漉漉慢慢地浸泡着你，人们很容易屈从于组织文化。文化的构成是丰富的，既有围绕着组织目标而倡导的主流文化，助推着组织的发展走势，也有组织内部所形成的民间性文化，其作用往往也具有较大的影响性，一定程度上调节着人们的人际关系。如同事之间，由于家庭婚丧嫁娶就会形成了同事间相互的表达方式，邻里之间相互照顾，也会慢慢地形成一些相互适应的方式，就会影响着人们的感情，长期下去就会形成一种文化，倡导一种相互帮助相互关心的风尚，这很有意义。

文化的积极作用是不言而喻的，但文化的反作用，消极作用也是不可忽视的。为什么有一些组织，在社会的变迁中落后了，甚至是被淘汰了？可能很重要的原因是文化的相对稳定性阻碍了组织的适应性变迁，其惰性对组织形成了巨大的牵制力，使组织失去了变革发展的机会。在当今的时代，变革的文化往往体现在组织的开放性和组织改革推进的程度上。文化对创新想法的抑制是历来都有的，不符合组织已经存在的文化共识，新的想法就会很容易被扼杀。因为，任何一个新的想法、新的举措，它都有其局限性，甚至被传统的眼光看起来很幼稚，将其扼杀的理由也会有很多。现实生活中，出现了一些创新的苗头是常有的事，如果一味地用习惯了的评价方式对待之，可能在萌芽中就遭扼杀。如果我们顺其成长的趋势来真切的探究，就可能看清其潜在的价值所在，经过培育就会不断完善，就会渐渐地成长壮大，就可能会形成一个大的变革事件，因为大事没有不起始于细微的。如果我们一味地指责那些不完善的苗头性创新做法，就有可能将一个很有发展前景的事业，泯灭在初始想法的推进过程中。现实中，所遇到的类似事件太多太多了。

如何能提升组织文化对创新活动的适应性，很重要的是在于组织的学习，学习可以提高组织对发展前瞻性的认识。当组织的人员能够对组织发展所面临的境遇有清醒认识的时候，对组织发展所体会到的缺陷、劣势和不足有认识的时候，就会很容易达到探讨发展和改进不足的共识。在这种共识下，创新更有生存的空间。

包容是组织创新活动的思想基础。改革或创新实际上都是在重新配置资源，配置的结果就会有孰轻孰重的重新组合，这种组合有时候很容易引起利益相关者的不满。如果是站在事业发展的角度，可能就能够理解这种变迁的长远意义和近期的相对代价，可是，站在个体的局部利益，往往就容易忽视对长期意义的贡献，而更容易拘泥于现状。由于包容性的存在，人们往往并不过多地顾忌失败的情境和尴尬，包容性也会使得人们善待错误，在失败的基础上不断地跃进，包容性就会助推创新的风尚。大凡成功都是以失败为基础的，没有什么先知先觉，人都是在实践的反反复复，在失败与成功的交织中不断地成长。如果拘泥于失败的恐惧之中，往往会禁锢人们的思想，人就会唯唯诺诺行事，许多时候就委屈了自己创新的火花。

我们的发展是基于改革开放基础上的发展。所谓改革，就是对缠绕着组织的不如意而进行的创新，有些东西如不能尽快地改进、摆脱、重构，就可能会长期地影响着我们一代又一代人对事业的勇敢追求。所谓开放，既是经济的合作，更是打开心扉，包容大千世界，当然，何去何从是我们自己的价值判断问题。变迁我们的文化，更在于大家从自身做起，审视工作的环境，审视工作的创新。靠自己不断的变化取得进步，靠自己不断的进步取得更多成效。不能有人在努力地工作，有人在努力地指责，这样，很可能形成风起云涌的阻碍，甚至于激发自己潜意识不容纳进步的心态。那些市井心态，在人们潜意识中是永远存在的，如若我们任由其涌动不健康心理的思潮，就很容易形成波澜侵蚀组织健康。我们可否创立一种氛围？这种氛围激励快速发展，激励另辟蹊径，激励创新的展现，以此形成敢于向自身挑战的集约发展之势。

资源　配置　结构
——我对管理的理解

近百年来，管理的实践和理论迅猛发展，其对人类社会进步和经济发展的推动作用是十分巨大的。理论界对管理的定义和论述很多，管理理论的著述更是汗牛充栋。何为管理？理论界各有其概念提法：如管理是科学、管理是艺术、管理是实践、管理是方法等等，颇多。我只是基于管理的实践者的体验，认为：管理就是对资源配置的结构。

如果是对管理理论的探讨，可以充分利用管理的元素，进行各种方式的结构配置，形成理论的观点或模拟的管理事件，甚或是创立管理的派别；或是对具体管理事件的总结而形成给人以启迪的案例；但管理本身更多地是源于管理的实践，形成了管理的真实过程。无论是理论的探讨或是实践的过程，其核心都是围绕着资源的配置而形成了不同的结构。

探讨管理就是探讨资源构成、配置方式、结构分布；改进管理也应该从资源、配置、结构三个方面寻找途径。资源、配置、结构是本文的三个关键词，也是探讨管理问题的三个角度。

何为资源？就是组织能够利用的一切元素，概括地说就是人力资源和非人力资源两部分。人力资源就是组织可以调动使用的人，包括隶属于组织可以直接调配的内部人员，以及可以采取一定的方式能够调动的组织外部人员。以高校为例，高校的师生员工是内部人员；承担一些服务外包性工作的人员，如餐饮企业、物业管理等人员，外聘兼职的教师，或在实习时企业的外聘指导老师，或学生的家长等社会关系，或政府和社会各界关心高等教育的人员等，这些为高校的外部人员，他们虽不隶属于学校，但为学校工作。无论是内部还是外部人员，只要能够服务于高校人才培养的目标，就是组织的人力资源。只是对不同的人力资源组成，要采取不同的管理方式而已。非人力资源就是组织中除人之外的资源，如房屋、设备、机器、动力、原材料等等物质的条件，是管理目标实现的载体。管理的职责就是通过人作用于物之上，使变化了的资源存在的物质形态，成为了商品或服务，以实现组织的目标。矿石、石灰石、焦炭等是原材料，而炼钢炉、厂房、模具等就是生产资料，原材料经过加工成为钢材，钢材就是产品；教师通过教学条件，教育学生的成长成才，教育服务的对象就是学生。还有一类资源，是凝结了人的智慧和物的精华，如文化环境、品牌等无形的资源，如优秀的建筑、著名的组织等等，可以将其理解为人力资源和非人力资源的结合。

何为配置？配置就是按照组织的目标，将掌握的各类资源，通过一定的途径和方式结合在一起。物质产品的生产过程是配置的结果，如：不同比例的原材料结合一起，经过一定的生产工艺就可能形成产品。同样的原材料可能由于投放比例的变化或工艺流程的不同，就可能生产出不同的产品。管理中的配置，是一个复杂的过程，可能是物与物的配置，可能是人与物的配置，可能是人与人的组织方式，也可能是人自我价值的实现程度，形成了不同的工作场所、工作条件、思维方式、工作绩效等。在理论的探讨中，为了学术研究采取可以想象的条件和人员构成谈配置，因为这只是资源的虚拟配置，不会产生资源的形态变化，可以对管理的实践起到指导的作用。但现实世界中，管理的配置往往是不可逆的，只能够不断地改进，却不能重新开始。今天的经历就不可能再有机会重新再来，就是相同的人、事、地，虽然境未迁，时却已过，昨日时光已经不再。管理的元素配置是有规律的，由于掌握配置的水平不同，表现了管理方式的优劣，带来了组织效益的不同。无论是对什么组织的管理，大到国家，小到路边店，其道理是一样的。治大国如烹小鲜，其理是相通的。

何为结构？各类资源相互间的不同配比就是结构。对结构的理解用金钱来说明更容易表达，一件商品的成本为10元，价格也为10元，企业盈亏平衡，其中：人工费3元、材料费4元、各种损耗和费用3元，其结构就是3 ∶ 4 ∶ 3。如果由于科技的进步，使得人工费成为4元，材料费2元，损耗费用2元，而市场价格仍为10元，商品的利润就是2元，由于配比变了，带来了利润的增加。结构是在组织中宽泛存在的，各类资源之间都有结构问题，就是同一类资源中也可有比例的问题。以高校为例，由于引进了博士以上人才，使得师资的结构发生了变化；由于培养模式的改革，使得课程设置的结构发生了变化；由于教学实验设施的进步，使得学生的培养方式发生了结构性变化等等。就是同一个人，由于自身学习的努力，也可以使得自己知识结构、能力结构发生了变化。在实体经济中结构的变化就更加的明确，如：某一个产品销售渠道由原来主要是通过专卖店，拓展为进入了超市，销售收入有了较大的增长，使得企业的生产量充足，人工、设备的利用率提高，带来了成本的下降、利润的提高，其直接的原因是销售途径的结构变化等，组织的创新点可能就蕴含在结构的变化之中。

人类社会的任何事情都很难离开管理，在管理的资源、配置、结构中，起核心作用的因素是人。无论是资源来源渠道如何，分布状态怎样，实现由生产资料到生产力的转变，都是人的作用所为。所以，人的进步是管理水平提升的根本。作为理论的探讨和经验的总结，可以对静态的资源配置结构进行分析，从中发现规律性的东西。但是，现实的工作中管理却是动态的，在瞬息的机遇或危机面前，管理者的决断力至关重要，优化资源的配置和结构，就可能洞察先机、赢得先机。同时，从中我们也可以看到，改进组织的绩效可以从分析现有的资源配置的结构中发现切入点，在事情的初始谋划阶段，可能更需要人的创意来展现目标蓝图；如何实现目标可能更需要技术的创新，寻找达到目标的渠道和方式；质量的控制可能要贯穿于事情的全过程等等，这些都是管理工作的分内之事。管理是组织的骨骼，支撑着组织的躯体；管理是组织的血液，流经了组织的整体；管理是组织的经络，分布在组织的全身；管理是组织的智慧，思索着组织的何去何从。优化管理是组织成员的共同责任，应该落脚于组织的每一个人。

发表于2012年3月《山东交通学院学报》第一、二版。

高等学校职能部门绩效考核

人类社会的进步产生了诸如政府、企业、医院、高校、科研院所、社会团体等组织。在社会运行中，不同的组织由于从业领域不同，提供了不同的产品或服务，有了不同的组织定位，承担着不同社会的分工。组织是一个宽泛的概念，其规模可大可小，规模小时，是以“人”为单位进行分工，具体到某一个人干什么事情。如在高校中，有些规模不大的专业教研室，可能仅有几个人组成，根据课程的安排，每一个教师具体分工上哪一门课，由每一个人的工作形成了教研室的整体功能。当组织不断地扩大，就由以“个人”为单位的分工，上升到以“人群”为单位的分工，那就是部门。如大型或巨型大学的二级学院、职能处室，大型企业的生产车间、管理科室等，形成了组织规模较大的部门分工。组织整体目标的实现，分解为部门的任务，部门的任务最终会变为每一个人的分工，即岗位工作目标的实现。由于组织的目标是在不断变化的，职能部门的形态、任务也会随之变化，职能部门分工必然是动态的、不断地变化的。法律赋予政府规范社会运行的功能，随着社会的进步，不断改变服务的功能；由于外部需求的变化、相互竞争等因素的作用，组织本身也在不断改变自己的形态，或壮大、或转型、或衰亡等。市场经济优胜劣汰，市场的力量不断地评价每一个市场主体的绩效，如今天的优强企业，明天就可能衰退。我想在不远的日子里，高等学校的境况也会如此。

随着人才需求的不断变化，市场的力量也一定会强化着对高等学校的绩效评价。任何组织的绩效虽然表现在外部，其本质是由内部价值链活动的绩效所决定的，强化组织内部的绩效管理是组织发展的关键。如何彰显组织的绩效？考核是必需的手段。在高校绩效考核的实践中，有些指标的考核是常态的，如对二级学院教学、科研等等的指标容易考核，有些指标的考核则是相对模糊和难以操作的，如对职能部门的考核。无奈之举，许多对高校职能部门的考核方法往往是年底相互投票评先进，或是与一线部门捆绑考评，或是笼统地评价，考核结果成为了年终福利的借口，激励往往就变成了你好我好的普惠。不能实现真实有效的绩效考核，就可能诱发职能部门工作偏离组织的战略意图。绩效考核不清，激励就会不当。

由于职能部门掌握着许多资源的配置权，会不自觉地产生官僚习气，显然，这不利于组织整体绩效的实现，长期以往，渐渐地职能部门的工作更多地是依赖于人治，机制创新动力不足，机制运行失去活力。实质上，职能部门在组织发展中的作用极其重要，有效地确立高校职能部门绩效考核的内容、方式和方法，既是真实、客观地反映职能部门绩效的过程，也是发现组织的优势、不足和新的增长点的契机，这是本文的探索点。

职能部门的工作任务来源于哪里？组织确定了工作目标，对整体目标按类别分解到职能部门，就形成了各自的任务；由于组织的目标任务是按专业化分解的，就使得职能部门的工作内容不同。如高校的教务处负责教学管理，科研处负责科技研发管理，学生工作处负责学生管理，后勤管理处负责后勤服务管理等等。如果按工作内容来考核，显然，职能部门间很难有可比性，不可简单类比。

但是，人才培养在高校工作中处于中心地位，各职能部门的工作都是要共同紧紧围绕着提升人才培养水平和质量这一组织目标来展开，并进行管理和服务的。当组织目标的实现，分解为不同职能部门的任务时，是有完成任务的要求的，也就是说，要对完成任务的程度进行认定，即：对每一个职能部门的绩效是应该进行考核的。完成任务程度的认定，不是指职能部门间对组织相对贡献的认定，而是对职能部门自我工作进度的认定。如果对其绩效的认定量化为用分值表示，就有了每个职能部门的得分，又由于职能部门得分不同，就有了职能部门任务进程的排队，就产生了名次。正是由于各个部门的努力推进，才使得组织的整体绩效不断提升，这就是绩效考核的意义所在。如果不能使每一个部门都达到预期的目标，就可能产生木桶的短板现象。

理解绩效考核，首先要明确考核的基础和边界。高等学校组织结构一般可分为二级学院和职能部门，由于历史的轨迹，形成了学院、处室等组织的基本构架。绩效考核是基于现状对职能部门绩效的考核，至于职能部门的设置是否恰当，这些部门的形式是否都是合理的和必需的，部门的人员构成是否合理等，是机构设置、定岗定编的问题，不在本文作探讨。职能部门的绩效考核，是对其应承担的任务和完成任务程度的认定，是对职能部门集体绩效的考核，而没有深入到对每一个人的绩效考核，或单位人力资源成本的绩效考核，此类考核是另一层次的问题，应该由职能部门自身完成。

如何对职能部门进行考核，熟悉的办法是评先进，每到年底组织相关人员投票，以得票多少定先进，简便易操作，也无需由谁承担责任，因为是大家投票决定的。实际上，这种考核很难做到真实，会由于信息不全、评价尺度掌握不一、人际间的情感不同等诸多因素的干扰，其结果不一定能真实反映客观实际。另一种方式是建立一套体系，就像一把尺子，对部门的绩效进行度量，虽然职能部门的工作范围、任务不同、压力不同，但对于完成工作目标的程度是可以度量的，能够表述为完成了任务目标的百分值。做个比喻：组织的任务目标确定后，不同的职能部门就像不同的管道组合，以专业化的形式传达和运行着组织的目标任务，其管道高度是相同的(级别一致)，管道的容积不一定相同，运行于管道的介质和流量也不同。考核体系应该努力做成流量计，来度量各个管道介质的流量，并标识出不同流量的占比，但这种度量是否能够合理，需要深入的探讨和建设的过程，其进步性应该在投票之上。如果能够将考评的指标与组织的整体发展目标要求相吻合，任务分解清楚，毫无疑问其积极的作用是不可估量的。

高等学校职能部门一般都会有 20 个左右，从教学科研的组织管理，到事无巨细的学生服务、吃喝拉撒的后勤保障等等，工作内容、方式方法等不同，需要考核的指标很多，但面面俱到就会使得考核的成本过大。如果能够选择几个带有共性的重要指标形成考核体系，就会简化考核过程，并带动高校整体绩效的提升。要建立一套合理的考核体系，考核的指标选择就至关重要。从高校职能部门工作的逻辑关系分析，无外乎保障学校的日常运行工作、突出阶段性的重点工作，学校的可持续发展，职能部门的服务质量等方面。如果以此四个方面组成考核体系，每一个职能部门的绩效就可以实现统一丈量，由个性的工作转化为共性的考核。其中，重点工作可根据学校发展的需要，确定由职能部门完成的年度重点工作；部门根据学校发展要求和自身优势申报并经学校批准的年度重点工作;创新工作是组织行为创新的重要体现，如:工作创意、实现方式、流程改变等对工作绩效的促进等等，其目的是为了鼓励各部门大力开展创新工作的研究与实践，促进学校快速发展，提升办学综合实力，其特征具有先进性、应用性、成果性和综合性。至于如何设计体系的构成，各自工作的占比结构，每一个方面的指标细化等等的问题，可以依据学校的阶段性目标任务确定。只要有了明确的绩效考核结果，也就有了激励的基础。

由于分工提高了组织的效益和效率，组织规模小的时候，是以“人”为单位进行分工，具体到某一个人干什么事情，由每一个人的分工而形成了组织的整体优势和效益。当组织不断地扩大就由“人”为单位的分工，上升到以“人群”为单位的分工，那就是部门，部门又延伸为职能部门和事业部等等形式，形成规模较大的组织。由于部门分工形成了组织整体的目标实现，而在部门的内部最终要落实到每一个人分工的工作上，即岗位的工作目标。高等学校无疑形成了以部门为分工的阶段，这些部门包括了二级学院（有点像事业部的性质）和机关处室（就是职能部门）。这些分工部门的形式是否都是合理的和必需的？也不尽然。是不是部门职能实现的人数就是合理的？也不尽然。但毕竟发展了几十年，形成了学院、处室的基本构架。我们的考核就是基于现状而形成的对部门整体绩效的考量，而还没有涉及部门岗位设置是不是需要改革的层面。职能部门的考核近年来受到了一些质疑，我认为很重要的一点在于我们一些概念还没有透彻地探究而引起的。

第一，部门职能的含义应该是部门工作目标的实现，是由局部的目标而形成的整体目标的实现，部门的职责是对整体目标负责的。由于部门分工的不同，其工作范围也就不同，工作量也有可能不同，所以出现了有的部门人多，有的部门人少。我们的绩效考核考什么？我认为是考的部门应该承担起来的对学校整体目标实现的任务和完成任务的水平，是学校对每一个部门完成任务水平的一个认定。

第二，如何完成对部门水平的认定，我们也走过了一些岁月。习惯了的办法是评先进，每到年底组织相关人员投票，以得票多少算出百分之多少是先进，当然也不乏适当的微调。另一种方式是建立一套体系，对部门的绩效水平进行度量，采用机制的形式对被考评单位绩效进行认定。但这种机制的度量也有其需要甄别的方面，如：一是机制标准的制定是否合理，二是运用机制制定的方式是否恰当。但这是不断演进的过程问题，其进步性应该在投票之上。但预期指标设置的复杂性也不可回避，不可避免，毕竟是不可一蹴而就，需要循序渐进的。

第三，考评结果的运用。由于对每一个部门进行了度量，对部门的绩效完成水平打了一个分数。由于这个分数的不同，使其出现了部门绩效考核的排名，排名应该是来源于此，而不是部门之间比赛前后而出现分歧。实际上，考评考的是部门应该担负起的部门绩效实现程度的认定。不可否认，从部门担负的工作任务来看，你的绝对贡献很大，比前面的部门贡献大，但你没有实现职责所提出的要求，或实现的程度不够，也会使部门的整体考核落后。由于部门的实现程度不高，影响了组织整体的绩效。考评结果出来以后，大家提出了很多质疑，部门愤慨是指向这种方式，还是指向考评的体系，那要有充分的认定。如指向绩效考核这种方式，有两种结果，要不不考核，退回到过去的投票，或坚持，我认为坚持。如果指向考评的体系，那我们就要对考评体系进行不断的探索和研究，因为任何体系的实现过程，实际上也是一个不断完善修正的过程。但这个完善是在考评的初期进行完善，即规则制定在先，即使在考评过程中有不完善，也要在一个周期总结积累完成之后进行完善。如若不然，看起来局部的合理也可能会造成整体的不合理。

第四，绩效考核结果的运用。我们是按照考评出来的成绩认定各个部门的排名，还是对这个排名又进行了粗化，组成了分组排名，即一组、二组、三组等等这种形式，那要看绩效考评是为了什么，更有利的形式是什么。顺序排名会形成几多欢喜几多忧的氛围，但排名可能更强烈地刺激了部门负责人带领部门成员更好地沉思、总结，可以将排名落后恼怒于外部的标准、指责考评，于是可能是私愤发泄了，怨恨发泄了，这也于事无补；也可以是痛定思痛总结工作，来年向好。我们更希望绩效考核结果的运用是趋向两面的结合，既是痛定思痛，又帮助组织实现考核体系的不断完善。另一个方法是分组排名，或只奖先进，而不提滞后。几个部门得到了先进，进行表彰，其他不谈，或者几组得到了一等奖、二等奖，面子都照顾到，即使落后也是一个群体，有难兄难弟相伴，可以聊以自慰。

那么我们绩效考核是为了什么？可能无可置疑地为了对学校整体利益的快速前进，为了赢得我们不断发展的快速进步。如果我们以较快的步伐迈进，我认为就应该排名，如果我们更顾忌照顾部分人的情面、感受，那么我们就可以分组或者不考核。管理的方法没有什么对错，只是有着要求的不同，对目标实现的不同，对考核指向的不同而已。如果我们把部分人的感受看得比组织的绩效更重要，可能是赢得部分人的感受舒适，但阻碍了组织绩效较好地实现，真正地要延伸到个人身上的是，组织内部每一个人长期利益的受限。显然，没有组织长期的大幅度发展，每一个人的利益也会受到影响，这个利益包括物质的、精神的等等方面。学校的快速发展在社会上被认可，给组织成员带来的自豪感，往往在一定程度上要超过物质增长的幅度。由此，坚持什么，我们应该有所认定。

绩效考核成绩的认定有多种方式。一种是我们对每一个职能部门年初就制定一个目标，认真对目标完成情况进行认定，给出成绩。这种方法就有点像计划经济时期年初制定目标，看起来很合理，但是确实没有一个神人能将目标制定的那么恰如其分。所以制定之初，就会有部门与制定者的争执、讨价还价，分管领导也帮助其说话。另一种方式是让大家尽情地工作，对年终实现的绩效进行度量，对部门完成的任务进行赋分，然后进行评价激励，这样就是从固定目标转向了动态目标。

可能后者更有利于组织的绩效和人的智慧更好的发挥，而组织价值的实现可以由组织整体提出许多目标任务，并分解到部门中去，也可以根据价值导向和部门的实际，自我申报目标，被决策层认可。由于考评的激励，就可能对大家积极申报工作有激发作用。由于对完成工作的难度系数、水平、质量的认可不同，大家就会对工作的努力程度不同，形成的结果也会不尽一样。我们的考核更倾向于这一种。

加速组织创新　促进价值成长

任何组织中都会蕴藏着许多没有展现出来的价值。这些价值抑或是隐藏在组织某一个角落里，被岁月的尘埃所淹没；抑或是封锁在组织的某一个箱柜里，天久日长不只是别人就连自己也忘记了它的存在；抑或是深埋在某个人的脑海里，被时有时无的空想所日复一日的折旧；抑或是存在于组织机体中那些可贵价值的基因，没能遇上适宜的成长条件，生不逢时只有留待后人来培育，或永生不得见天日……

现实中，每一个组织都想拥有更多的价值，因为只有有价值才能够生存。殊不知在我们相伴相生的组织里，到处共生着价值的胚胎，只是我们自己桎梏了价值的壮大和不断的繁衍。不相信吗？那我们就算一算，像我们山东交通学院这样一个实力还不太强大的高校，就有着近百名教授、三百多名副教授、二百多名博士，千余名硕士、两万余名大学生，十几亿的资产等等，我们占有着这么多的资源，难道实现了应有的价值了吗？肯定的答复是否定的。我不知道我们学校应该实现的价值到底是多少，但知道生活于其中的我们许多人，都可能深切地感受到没有实现自己应有的价值。到处可以看到，有那么多的人悠闲自得，有那么多的人工作热情不高，有那么多的人不愿意创新实践，有那么多的学生白白浪费了读书的时光，还有那么多的惰性滞缓了我们的思考和行动。个体价值未能充分实现，总体价值又焉能如愿。诸多不如意的表面背后，实际上是组织的自我束缚，可能是我们所熟悉的组织运行方式、基于此的思维方式和行为方式钳制了我们的创新力。组织的价值是一个不断变化的值，或是增长或是泯灭，既有客观的因素所系，更与主观的努力有关，做到尽善也难，但我们做得大大好于现在却是能够实现的。

组织是由人依托于物质运行的，组织能力强弱的核心是人。正是由人形成了组织，也正是人积累了组织的财富，当然也正是人运行了组织的优劣和盛衰，激发人的活力是创造组织价值的根本。提升组织的价值至少应该立足于当前、放眼于未来。立足于当前，就是要理清我们现在的运行概况，从中发现需要优化和创新的地方。譬如，在深入企业进行人才需求的调研时，我多次听到了对校友的评价：踏实、肯干、吃苦、耐劳等等溢美之词，我们为有这么优秀的毕业生而感自豪。但也会听到对这些年毕业生不足的反映：动手能力弱了，对一些看似基本的技能却需要企业重新培训，工作的态度也缺乏了“交院人”原有的严谨，创新能力也稍逊……这些问题表现在校友身上，实际上是缘于学校的培养不到位。在人才培养的过程中，我们的教育者就疏于实践，怎能培养出学生的动手能力？实验室里堆积着价格不菲的实验设备，却鲜有真正问津的老师，更没有对学生开放的尝试，就是到企业实习也越来越缺乏了真正的落实，更多地是学生自由的选择。我们教育者工作态度就不甚严谨，怎能够培养学生的严谨工作态度？在一个创新力不足的环境里，难道培养的学生就能有很强的创新力吗？一切问题都是有根由的，只是我们愿不愿意去探寻。这都是组织力所为，组织的思想、设置、流程、激励等等哪个环节不足，都会显示于结果之中。如果我们发现了问题，努力创新组织工作的方式，问题就可能得到解决。现实中，更多的问题不是不知道，也不是不会做，而是没有做。如我们经常发现的教室垃圾密布，小事一桩，没有人不会做，为什么成为顽疾，可能是组织执行力不足所系。其实，扩展组织的力量，需要落脚在我们日常生活的处处，就看我们愿不愿意细微之处见精神。

着眼于组织未来的价值提升，关键在于培育组织不断的成长力。组织是有机体，其成长力的核心是依存于其中的人，人的成长既包括了个体的成长，也包括了团队的成长。我们渴望有大师级人物生成于我们的学院，我们也同样期望大批有作为的年轻才俊云集在我们的校园，但，我们更深知实现宏伟目标，需要创新组织的运行方式，只争朝夕激活潜伏在我们身上的价值，汇涌为组织成长的无限魅力，催生学校不断地向前发展。成长是要依托于事业的，而事业也是由点滴的工作所组成的，伴随着事业的不断壮大，我们组织的能力才能不断提高。我们不要寄希望提出要求就可以达到目标，实现目标往往需要强化诸环节的培训演练，这是组织不断成长的基本功，如同人才培养的目标是要落实到每一节课之上一样。而提升每一位老师的授课能力，却不仅是老师本人的事情，更是组织的行为，需要组织加强指导和培训，这就是组织的力量，是依托于事业不断提升人的能力的长久之计。

跬步之始与千里之行距离是一定的，而实现的途径和速度却是各异的，我们要靠改革创新不断地推陈出新，而强壮组织奔跑的机体。

发表于 2014 年 9 月 7 日《山东交通学院报》（总第 554 期）第一版。

由星光大道想到的

不久前，我看见一个消息，中央电视台节目的收视率星光大道名列前茅，列新闻联播之后。我一直习惯于每天争取看新闻联播，以了解国内外的重大事件，其他的电视内容很少涉猎。看到星光大道收视率走在了前面，我不由自主地观察了这个节目，连续看了几期之后，我才有了初步的体验，感觉到星光大道这个栏目办得确实很好。好在哪里呢？好在这个节目折射出时代的精神。如果以我之见，谈星光大道，我认为有以下几点。

第一，挑战自我。挑战自我是每一个参加星光大道节目的人，实际上他们都是在挑战自我。人们习惯地认为中央电视台是高端节目，可能都应该是那些受过专业训练的大腕们所占据的舞台，或者是社会显达、名流才能上去的。而星光大道搭建的平台是让草根的芸芸众生都可以有机会去展现自我。中国之大，人口众多，许多有着高才绝艺的人往往是大隐于人间，而不能展示自我。但是星光大道却鼓励了人们去积极尝试、展现自我。鼓励人们参与尝试是外界的诱因，而能不能真正地走上那个舞台，经过了层层选拔，却是内在的自信心和敢于解放自我、超越自我、挑战自我的表现，可能更重要的是内在的智慧和潜力的展现。首先是要有战胜自我的信心，实际上月冠军、季冠军、年度冠军在参赛中都是他们心中的向往，究竟能不能实现，但是就是在这种挑战自我、超越自我的氛围中，有的人实现了，站在了中央电视台的舞台上。

第二，竞争他人。星光大道可能充满了竞争。这种竞争是参赛者之间的竞争，从第一关 5 个人，到第二关 4 个人，第三关 3 个人，第四关剩下 2 个人，每一关都有不同的主题，每个主题都是自身实力和他人实力的较量，既有自身实力的展现，又有组合是不是完美，竞争他人这个过程既要发现自己的优势，又要发现别人的不足，尽量能在竞争中占领一席之地。竞争是充满了刺激的，对观众来说是这样，每一关都会看到有人退出了舞台，而对于退出舞台的这个人的评价，观众们又是不同的心态，因为人的审美角度是不同的，往往感到退出舞台的人是自己心中很拥护的，结果就下去了。竞争更给予了选手们诸多的不确定性，但是他们又是那样勇敢地接受挑战，当退出的选手眼含着热泪，饱含着深情，感谢着别人而退出的时候，可能留在他心里更多的是遗憾、眷恋、不服气等心理因素交织在一起，但是他们也总是含泪面带笑容挥手离去。他们这种竞争的姿态本身就是对人们的一种启迪，参与了竞争，即使失败了也要勇敢地微笑面对。也有许多的选手发出了“我还会回来的，我一定会回来的”这样的决心。我相信，只要有这种信心和气魄，即使不回到这个舞台，他也会在其他舞台上找到自我价值实现的途径。人就是这样，在不断的失败中成长起来的，失败让人难以承受，但失败却又是历练人成长的不可或缺的磨刀石。

第三，创新过程。星光大道这个栏目的确立本身就是很好的创新，展现了电视人对时代精神的一种把握，而在舞台上展示自我的竞争者，都是在过程中充满了许多的创意、创新、创造性表演。他们许多都是没有受过系统的专业训练，但是他们能够尽最大努力，把自身的优势努力地展示出来。“才艺大比拼”节目直播之前不可预料表演什么，但在节目的进行过程中，所有的节目都让人回味长远，是什么打动了观众，是内容、表演和才能？我认为其机理的东西可能是在创新上，是对内容的创新，表演形式的创新，表演才能展现的创新，就连主持人毕姥爷的主持风格，也是那么凤毛麟角，新颖。并不是帅气漂亮的一个主持人，却以自己游刃有余、谈笑风趣的主持风格过渡，使得这个节目有了很多的柔性感觉。主持过程中节目内容很重要的一点实际上是创新，在这舞台上的人们都要创新。在舞台下的贵宾评委也都在以不同的形式、不同的心态表达着自己的情怀。正是众多人创新地参与进来，才烘托着创新团队的精神。该节目是不是能够走下去，可能也是在于今后的创新如何。

第四，追寻梦想。星光大道表演的过程、竞争的形式更多地是展现着人们在追求自己的梦想。每一个人心中都有梦，但是每个梦是不是能化为自己的行动呢？答曰千姿百态。可能更多的人是有梦，但是没有将对梦的追寻变为强有力的行动；有的人就是做梦，每天都在做梦，也曾下定了追寻梦想的决心，但是转身而去，却依然如故，浑浑噩噩，混混沌沌；有的人追寻着梦想，却稍有波折就变得半途而废，又转为追求其他的梦想，又半途而废，在一个个懊悔惋惜中，最终换得的却是半途而废。只有强者才能在不畏艰难地的征程上，脚踏实地而却又持之以恒地去追寻着梦想。梦想的实现当然属于这类人。人如此，组织又何尝不是如此呢？

发表于 2014 年 5 月 27 日《山东交通学院报》（总第 547 期）第一版。

我想移植驿站

一个小商亭卖点学习用品，本没有什么特殊，因为是无人值守，商品、钱盒都是开放的，买者自己放钱找零、借物记账事后还钱、提点建议方便大家。在师生的自觉守护下，小店得以维持和成长。同时也让人看到了青年学子身上的诚信美德。小商亭后来更名为诚信驿站，成为了学校的风景线。我想移植驿站，伴随着时空将诚信传向四面八方、千秋万代。

我想在戒备森严的考场上移植诚信驿站，井然的考试纪律来自每一个学生内心自觉的行动；我想在学生的日常的生活中建立诚信驿站，使同学们懂得，协议达成就要履约；我想在教育者的言行中建立诚信驿站，使他们不会因为评定职称等私利，去剽窃别人的学术成果，而要铭记：学术造假等行为侵蚀的是文明传承的链条和为人师表的典范。

我想将诚信驿站移植到校园之外，让诚信之风跟随着学生的脚步走向远方，所到之处清晰地表明——诚信是交院人的立身之本，陆海空的运输系统是我们学生的就业主渠道，借助交通的四通八达和高速运行，将诚信精神输送到千家万户。渴望诚信是民意，中华民族就是诚信生长的沃土，需要加速诚信的播种。

我想让诚信驿站乘上时间的列车，奔流驶向千秋万代，岁月可以使事物经受砥砺并成长壮大；当诚信在全社会蔚然成风的时候，诚信的载体就会不断地丰富，从生活之需到学习工作的过程，诚信成为我们的必需元素。诚信的培育和成长，更需要不断地净化大环境，要让不诚信行为代价昂贵，其中包括了社会的制裁和内心的自纠。诚信本就是中华民族的素养，阶段性地遭受了时日的损伤，也一定会通过我们伟大民族的努力实现自愈，青年学子的创新性诚信行为，正是昭示着诚信的醇香。

植物可以绿化我们的环境，我想移植诚信驿站，使其不断地繁衍生息，让其跨越时空枝繁叶茂、硕果累累。山东交院人愿做诚信的护卫者，在诚信建设的践行和探索的征程上留下我们的身影。

本文发表于 2012 年 6 月 15 日《中国交通报》。